M. Auchré   oct 2010
514-374-3275

LES DIX CLÉS DE L'AMOUR

Catalogage avant publication de Bibliothèque et
Archives nationales du Québec et Bibliothèque et
Archives Canada

Layoun, Antoinette
    Les dix clés de l'amour
    (Collection Spiritualité)
    ISBN 978-2-7640-1405-9
    1. Amour. 2. Dieu - Amour. I. Titre. II. Collection.

BF575.L8L39 2009   152.4'1   C2008-942138-8

© 2009, Les Éditions Quebecor
Une compagnie de Quebecor Media
7, chemin Bates
Montréal (Québec) Canada
H2V 4V7

Dépôt légal : 2009
Bibliothèque et Archives nationales du Québec

Pour en savoir davantage sur nos publications,
visitez notre site : www.quebecoreditions.com

Éditeur : Jacques Simard
Conception de la couverture : Bernard Langlois
Illustration de la couverture : Veer
Conception graphique : Sandra Laforest
Infographie : Claude Bergeron

Imprimé au Canada

DISTRIBUTEURS EXCLUSIFS :

• Pour le Canada et les États-Unis :
MESSAGERIES ADP*
2315, rue de la Province
Longueuil, Québec J4G 1G4
Tél. : (450) 640-1237
Télécopieur : (450) 674-6237
* une division du Groupe Sogides inc.,
filiale du Groupe Livre Quebecor Média inc.

• Pour la France et les autres pays :
INTERFORUM editis
Immeuble Paryseine, 3, Allée de la Seine
94854 Ivry CEDEX
Tél. : 33 (0) 4 49 59 11 56/91
Télécopieur : 33 (0) 1 49 59 11 33

Service commande France
Métropolitaine
Tél. : 33 (0) 2 38 32 71 00
Télécopieur : 33 (0) 2 38 32 71 28
Internet : www.interforum.fr

Service commandes Export –
DOM-TOM
Télécopieur : 33 (0) 2 38 32 78 86
Internet : www.interforum.fr
Courriel : cdes-export@interforum.fr

• Pour la Suisse :
INTERFORUM editis SUISSE
Case postale 69 – CH 1701 Fribourg –
Suisse
Tél. : 41 (0) 26 460 80 60
Télécopieur : 41 (0) 26 460 80 68
Internet : www.interforumsuisse.ch
Courriel : office@interforumsuisse.ch

Distributeur : OLF S.A.
ZI. 3, Corminboeuf
Case postale 1061 – CH 1701 Fribourg –
Suisse

Commandes : Tél. : 41 (0) 26 467 53 33
Télécopieur : 41 (0) 26 467 54 66
Internet : www.olf.ch
Courriel : information@olf.ch

• Pour la Belgique et le Luxembourg :
INTERFORUM editis BENELUX S.A.
Boulevard de l'Europe 117,
B-1301 Wavre – Belgique
Tél. : 32 (0) 10 42 03 20
Télécopieur : 32 (0) 10 41 20 24
Internet : www.interforum.be
Courriel : info@interforum.be

Gouvernement du Québec – Programme de crédit d'impôt pour l'édition
de livres – Gestion SODEC.

L'Éditeur bénéficie du soutien de la Société de développement des entre-
prises culturelles du Québec pour son programme d'édition.

Nous reconnaissons l'aide financière du gouvernement du Canada par
l'entremise du Programme d'aide au développement de l'industrie de
l'édition (PADIÉ) pour nos activités d'édition.

Antoinette Layoun

LES DIX CLÉS DE L'AMOUR

L'amour humain
et
l'amour divin

LES ÉDITIONS
Quebecor
Une compagnie de Quebecor Media

Pour Hadi, Ribal et Michel,
mes gardiens sur le chemin
de l'amour.

Remerciements

Ce livre a vu le jour grâce à tous ceux et à toutes celles qui m'ont permis de les accompagner, soit dans une démarche thérapeutique en privé, soit dans les conférences, les cours et les ateliers. Grâce à vous, j'ai évolué tant sur le plan personnel que sur le plan professionnel. Sans le réaliser, vous étiez, chacun à sa façon, mes guides, comme ceux rencontrés de manière imagée par Gayatri. Je rends grâce à votre grandeur et à votre humilité face à votre désir de vous regarder et d'évoluer. Je vous admire, car se regarder est un acte de courage qui demande de la force intérieure.

Je vous remercie du fond de mon cœur pour votre confiance et m'avoir permis de vous accompagner le long d'un chemin peu fréquenté : le chemin de l'amour.

Mes garçons Hadi et Ribal ont été une source d'inspiration pour la création de ce livre. Dans la relation que j'ai avec eux, non seulement je me sens privilégiée de les accompagner comme mère, mais ils sont également mes guides sur le chemin de l'amour. Étant donné que le rôle de parent est souvent constitué de hauts et de bas, ils ont eu le don de me ramener à moi afin de me demander ce que je veux dans ma relation avec eux. La réponse est chaque fois celle de choisir l'amour. Merci d'avoir été si présents et compréhensifs tout le long de l'écriture de ce livre. Merci d'être qui vous êtes dans votre différence ; cela m'impressionne et me touche. Je vous aime !

Dans l'écriture de ce livre, j'ai été accompagnée par une équipe extraordinaire : Clémence, Michel et Claire, ainsi que notre miracle de dernière minute, Marie-Claude. Je remercie toute l'équipe du centre l'Univers Cité de la transformation et du bien-être : François, Johanne, Lorraine, Lucie, Lyne, Martin et Myriam.

Votre implication m'a été d'un grand secours non seulement pour les tâches techniques, mais aussi pour l'amour que j'ai reçu de vous et qui a nourri mon cœur et mon âme. Je vous remercie pour cette relation qui se passe dans le respect de la différence de chacun et l'amour.

Je veux particulièrement remercier mon éditeur, M. Jacques Simard, pour sa confiance et son encouragement. Ce livre a été conçu avec beaucoup d'amour, et c'est grâce à vous s'il rejoint les lecteurs. Merci !

Mot de l'auteure

Je me sens très touchée et émue en vous écrivant ces mots. Je me sens si petite devant l'immensité de l'Univers et la création. Je me demande souvent : « Qui suis-je pour me permettre de m'adresser à d'autres et exprimer des mots qui portent un message d'amour ? » Je suis une apprentie sur le chemin de l'amour.

Je vous écris ces mots simples avec la certitude qu'il n'y a pas qu'*une* seule vérité. J'ajouterais même ce qu'un sage a dit un jour : « Permettez-moi de me dire, à la condition d'être libre de me contredire le lendemain. » Car je suis un être sur le chemin de l'évolution et je me permets de m'ouvrir, sans être dans l'attachement d'une seule vérité. Je vous invite à prendre ce qui vous rejoint, tout simplement.

Ma quête de l'amour vient de mon histoire de vie. Je suis une femme qui a vécu une guerre civile et a connu l'impact de la guerre sur les êtres humains. À l'âge de treize ans, j'ai eu un entraînement militaire par choix. Voir la destruction, l'horreur et la souffrance m'a beaucoup touchée.

Au début, je voulais changer le monde jusqu'au jour où j'ai compris que le changement devait commencer par moi-même. Je me suis regardée et je me regarde toujours afin de comprendre la complexité présente en moi et dans les relations. Depuis toujours, je me questionne sur l'être humain : comment peut-il avoir en lui, en même temps, autant d'amour et autant de haine ? Comment peut-il aimer et être aussi capable de détruire ?

Écrire ces mots et vous les transmettre est un appel intérieur. Au début de ma pratique professionnelle, j'ai écrit un ar-
ticle qui me rejoint encore beaucoup. Il me rappelle ma quête
de l'amour et me ramène à mon désir profond d'accompagner les êtres, en les guidant vers l'amour de ce qu'ils sont.
Je continue ma quête d'amour avec vous, maintenant, par ce
livre. J'offre ces mots à chacun de vous.

Avec des pensées d'amour et de gratitude.

À toi... l'être unique !

Toute petite, je connaissais un monde qui était parfait. Il était le reflet de mon âme et il portait le secret de mon potentiel. Je savais que j'étais unique, un être extraordinaire et que je vivais pour évoluer et pour m'actualiser. J'entendais l'appel de l'intérieur. J'avais une vision !

Et puis, j'ai grandi. Avec le temps, j'ai appris à jouer des rôles. Je suis devenue la fille de..., la sœur de..., et ensuite l'étudiante de..., la blonde de..., l'employée de..., la femme de..., la mère de... J'ai appris à porter des masques, à devenir un caméléon pour plaire, pour être acceptée et pour exister dans les yeux de l'autre et de la société. J'ai perfectionné chaque rôle qui m'a été donné pour être gentille et pour être reconnue. Je suis devenue une professionnelle dans l'art de plaire pour être aimée. Je me suis mise dans une cage dorée et j'ai vendu ma potentialité pour la sécurité. Je n'entendais plus l'appel de mon âme, même quand elle criait.

Un matin, j'ai senti une tornade à l'intérieur de moi. Je me suis réveillée avec un mal d'être et le mal de l'âme. Une profonde angoisse m'habitait et j'ai paniqué. La confusion s'installait et un volcan intérieur était sur le bord d'exploser. « À l'aide ! » Je criais et personne ne m'entendait. J'avais toujours mes rôles à jouer et il fallait m'accomplir. Je regardais ma cage dorée et je me demandais ce qui se passait. Pour me calmer, j'essayais de me balancer en regardant les barreaux dorés qui m'entouraient. Hélas ! Le désespoir s'est installé. Je voulais me sauver et j'ignorais que je pouvais le faire. Voyez-vous, je *ne croyais plus en mon pouvoir intérieur, puisque je l'avais donné à tout ce qui était extérieur.*

Un jour, j'ai entendu un murmure intérieur et, par déses-poir, j'ai arrêté de courir et j'ai pris le temps d'écouter. Cette voix m'envoyait des mots d'amour et j'ai eu peur. Je suis devenue confuse. J'avais tant appris à me juger et à exiger de moi-même que je ne comprenais pas ces mots d'amour. Ils me disaient d'arrêter, d'arrêter de me faire violence. J'ai enfin entendu le cri de mon âme et j'ai pleuré... Je me suis retrouvée !

C'est l'histoire de plusieurs d'entre nous. Par l'exigence et par la performance, nous cherchons la perfection à l'extérieur de nous. Nous avons oublié toute la beauté qui se trouve en nous. Par l'énergie de l'amour, nous retrouvons l'être que nous sommes pour transformer notre vie. Nous avons le pou-voir de sortir de la survie et de devenir l'*artiste* de notre vie !

Avant-propos*

Ce livre est écrit sous la forme d'une histoire afin de donner une touche imagée aux notions discutées. Il propose aussi une méthode d'intégration par la pratique (voir à la page 127). Les pages d'affirmation, qui se trouvent à la suite de chaque clé, sont un moyen de nourrir l'amour dans le quotidien et stimulent le passage à l'action. Cet ouvrage a pour but d'offrir aux lecteurs une façon simple de parcourir le chemin de l'amour. Il fait un lien entre le corps, le psychique et la spiritualité : âme, corps et esprit.

En effet, ce livre aborde l'amour et les relations, la souffrance et les besoins psychiques de la personne, comme le besoin d'être aimé, d'être écouté, d'être libre, d'être reconnu, de créer et de s'affirmer. En développant l'amour pour soi, l'être ouvre la porte à la guérison de ses souffrances et à la création d'une vie meilleure dans le respect de la personne qu'il est.

Il apporte aussi une lumière sur l'être ou le spirituel dans la vie. Certaines notions comme l'âme et l'esprit sont décrites, de même qu'on explique la différence entre les pensées du mental inférieur et celles du mental supérieur.

Même si les enseignements sont donnés sous une forme imagée et un peu féerique, ils sont inspirés de la connaissance du fonctionnement psychique de la personne en lien avec des enseignements spirituels.

---

* La forme masculine a été utilisée dans le seul but d'alléger le texte et ne se veut nullement discriminatoire.

Les dix clés de l'amour sont un pont qui permet à l'être de faire le saut de l'amour humain à l'amour divin. Cet amour est inspiré par l'âme et l'esprit, non par la souffrance, la lutte de pouvoir, la peur et l'insécurité.

Intégrer l'amour permet à l'être de transformer ses insatisfactions et ses souffrances, de créer un monde de conscience dans le choix de sa vie et de ses relations. C'est un monde à découvrir et à vivre.

Bonne lecture !

Je suis la lune, je suis les étoiles,

je suis le soleil, je suis la mer,

je suis la terre et je suis l'Univers.

Tout ceci est en moi.

Tout ceci est en toi, Gayatri.

Le rêve

La danse

Gayatri danse, elle étire tout son corps avec une grâce et une souplesse sublimes. Elle s'élève, elle a l'impression de flotter et de s'élancer vers les étoiles. Cette liberté la pousse à manifester tout ce qu'elle est. Son corps bouge en harmonie avec son âme et son esprit, célébrant la vie en elle et la grandeur de son être : femme, elle est ! Dans son corps, elle exprime sa pureté et sa grandeur.

Avec la musique, ses bras font une prière et, avec les mouvements de ses pieds, elle s'unit au rythme de la terre. Ses yeux regardent vers le haut et, avec le divin, elle chante. C'est un moment d'union avec tout ce qui est en haut, avec tout ce qui est en bas, avec tout ce qui est en dehors et tout ce qui est en dedans. La magie de l'union l'enveloppe et la transporte. Elle est *un* avec tout ce qui *est* !

Elle s'agenouille, elle rend grâce à ce moment magique et une larme de joie coule sur sa joue. Elle entend un murmure : « Gayatri, fille des étoiles, tu es aimée et bénie de l'Univers et de la terre ! »

Elle rit d'elle-même en pensant que son état l'amène à entendre des voix. Soudain, elle ressent une présence qui effleure son épaule. Étonnée, elle lève la tête et réalise qu'elle est entourée d'êtres féeriques et angéliques. Habitée par une paix profonde, elle leur demande où elle se trouve.

— Tu es dans un rêve, lui répond un ange rose.

— Nous voulons t'emmener faire un voyage dans une autre dimension, continue un lutin.

— La Mère divine nous a demandé de te montrer ce que ton cœur veut voir : la magie de la vie, rajoute une fée dorée.

— Et pour t'aider à dissiper tes doutes sur ton identité, nous voilà tous présents, chère Gayatri, réplique un gnome.

— Nous sommes toujours autour de toi. Dans ce rêve, nous avons la permission d'enlever le voile qui nous sépare, afin que tu puisses voir avec les yeux du cœur. Je me présente : je suis ton guide, Soham.

— Et moi, je suis la fée de l'espoir, lui dit une longue silhouette portant des voiles bleu turquoise, en se présentant devant elle.

Gayatri se sent remplie d'un état de grâce, de paix et d'amour. Elle continue sa danse et le sommeil l'emmène dans un autre rêve.

Le rêve

Gayatri se trouve dans la brume et elle entend une voix qui l'appelle. Elle s'arrête un instant et regarde autour d'elle. Elle se trouve au centre d'un cercle d'êtres colorés et magnifiques.

« Gayatri, nous sommes le cercle de douze sages : deux piliers et dix gardiens. Dans ce rêve, toutes tes réflexions sur l'amour seront abordées par chacun de nous. »

Elle s'assoit et les regarde, fascinée par chacun d'eux. La lumière qui se dégage de leur visage lui procure un sentiment de sécurité profonde. « Il n'y a aucun danger », c'est sa certitude profonde.

D'une voix douce et chaleureuse, un des sages lui adresse la parole. Son enseignement porte sur l'amour.

Le besoin d'amour

L'être humain a toujours cherché l'amour et le secret de l'amour. Son besoin d'être aimé l'a amené à faire des efforts importants dans sa vie et à produire de grandes manifestations. Ce besoin le propulse dans la création. Quand ce besoin n'est pas assumé, par contre, il peut l'amener à créer la souffrance et la destruction, pour lui-même et pour les autres.

Le besoin d'amour est un besoin fondamental et légitime. Quand il est en grande carence, il peut y avoir des conséquences graves sur le corps, l'esprit et le psychisme. C'est un besoin viscéral pour l'équilibre de l'être humain. Pour lui, le besoin d'être aimé est aussi important que celui de nourriture, d'eau et d'air. Nier ce besoin, c'est se donner une sentence de souffrance.

> *Reconnaître son besoin d'amour et en prendre soin, c'est tout à fait humain et nécessaire.*

C'est pour cette raison que la majorité des enseignements existant sur terre, en lien avec le développement personnel, parlent de l'importance de s'aimer et d'être aimé. Le besoin d'amour peut être assouvi tant en allant chercher l'enfant en soi afin de le bercer et de l'aimer, qu'en apprenant à s'affirmer et à s'occuper de soi dans la relation avec l'autre.

Gayatri demande : « Pourquoi ce besoin et cette quête de l'amour ? »

Une femme, à la longue silhouette et aux yeux perçants, dégageant une paix profonde, s'approche d'elle en lui disant :

« C'est important que nous parlions de l'énergie de l'amour. »

L'énergie de l'amour

Dans la nature, l'amour est présent sans questionnement, sans lutte et sans contradiction. Tous les éléments de la nature apparaissent et se soutiennent dans leurs destinées. En regardant la graine d'une plante ou d'une fleur qui est semée dans le sol, on constate que cela prend l'énergie de l'amour pour la nourrir et la faire pousser. Comme le soleil est toujours présent et, par ses rayons, réchauffe toute la terre, c'est donc l'énergie de l'amour qui propulse l'action dans la nature.

> *L'énergie de l'amour est universelle.*
> *Elle se trouve dans le* tout. *La nature manifeste cette réalité.*

L'énergie de l'amour incite l'être à manifester le meilleur de lui-même et à le partager autour de lui. C'est la pulsion d'amour qui l'amène à faire du bien, à créer, à aider et à prendre soin. La compassion, l'empathie et la paix en sont d'ailleurs de riches expressions.

L'énergie de l'amour est le moteur de la création et de la vie. Se connecter à cette énergie, c'est être en lien direct avec l'énergie créatrice de l'Univers. Cette énergie nourrit, sécurise, apaise et guérit.

Dans l'énergie de l'amour, toutes les peurs se dissolvent. Alors, elle est sans aucun doute la plus puissante énergie de l'Univers. Si une personne malade, même très malade, se connecte à l'énergie pure de l'amour, elle peut y trouver la potentialité et la capacité intérieures de se guérir. Cela peut même être instantané. D'ailleurs, les écrits concernant Jésus-Christ ou d'autres êtres qui avaient cette capacité d'aider les gens conseillent tout simplement de se connecter à l'amour et de le transmettre aux autres. Ici, nous ne parlons pas de religion, nous parlons tout simplement de se connecter à l'amour, sans aucune autre intention que d'en recevoir et d'en donner.

L'énergie de l'amour, c'est ce lien direct avec le divin. C'est un vrai fertilisant, une dose de diverses vitamines. Si toute la terre était capable de se connecter à l'énergie de l'amour, la planète ne serait pas du tout comme elle est maintenant. D'ailleurs, tous les drames – les guerres, les désastres, la famine et tous les autres événements destructeurs – reflètent un manque d'amour. Quand l'énergie de l'amour se manifestera, la terre connaîtra ce que l'on appelle le paradis.

Se connecter à l'énergie de l'amour et entretenir la connexion avec elle, c'est accessible et possible, car celle-ci se trouve à l'intérieur de l'être humain. Dans l'énergie de l'amour, le pouvoir de l'être est illimité.

Un autre sage se met debout et, avec un sourire angélique, s'adresse à Gayatri.

La perte de l'amour

Il existe sur terre une légende qui donne une image métaphorique de la façon dont l'humain a perdu cette connexion avec l'amour qui est son lien avec le divin.

Une vieille légende hindoue raconte qu'il y a eu un temps où tous les hommes étaient des dieux. Toutefois, ils abusèrent tellement de leur divinité que Brahmâ, le maître des dieux, décida de leur ôter le pouvoir divin et de le cacher là où il leur serait impossible de le retrouver. Le grand problème fut donc de lui trouver une cachette.

Lorsque les dieux mineurs furent convoqués à un conseil pour résoudre le problème, ils proposèrent ceci : « Enterrons la divinité de l'homme dans la terre. » Mais Brahmâ répondit : « Non, cela ne suffit pas, car l'homme creusera et la trouvera. »

Alors, les dieux répliquèrent : « Dans ce cas, jetons la divinité dans le plus profond des océans. » Mais Brahmâ répondit à nouveau : « Non, car tôt ou tard, l'homme explorera les profondeurs de tous les océans, et il est certain qu'un jour, il la trouvera et la remontera à la surface. »

Alors, les dieux mineurs conclurent : « Nous ne savons pas où la cacher, car il ne semble pas exister, sur terre ou dans la mer, d'endroit que l'homme ne puisse atteindre un jour. »

Alors, Brahmâ dit : « Voici ce que nous ferons de la divinité de l'homme : nous la cacherons au plus profond de lui-même, car c'est le seul endroit où il ne pensera jamais à la chercher. »

Depuis ce temps-là, conclut la légende, l'homme a fait le tour de la terre. Il a exploré, escaladé, plongé et creusé à la recherche de quelque chose qui se trouve en lui.

Cette légende représente ce qui s'est passé pour l'humain, à travers le temps. Il regarde à l'extérieur, au lieu de regarder là où c'est le plus important, à l'intérieur de lui-même.

Dans sa réalité quotidienne, les préceptes de l'éducation et de la société reflètent le sens de cette légende. Cela permet de réaliser que l'être a ajusté son rythme et ses priorités à son désir de performance, oubliant ainsi ce qu'il est. En étant exigeant envers lui-même et les autres, il s'est coupé de sa sensibilité et, par le fait même, de l'amour et du divin en lui.

L'être a appris qu'il doit être comme les autres. Il est alors devenu à leur image et il a perdu son essence. Ainsi, il est devenu un personnage qui répète ce que la société lui demande de faire. Il a appris à se dépasser outre mesure. Il s'est perdu.

Et surtout, il a perdu l'amour de lui-même... Avec cette perte de l'amour de soi, il est parti à la recherche du pouvoir. Il a cru que le pouvoir comblerait son manque : la perte de son essence, de son identité. Cependant, il découvre vite qu'il n'a jamais assez de cette quête du pouvoir. Il essaie encore et encore de combler ce vide en se montrant plus fort que l'autre, en voulant avoir raison ou en voulant que l'autre réponde à ses exigences. Il pense que ce pouvoir le mènera au bonheur. Il passe sa vie dans cette roue de pouvoir humain, sans jamais découvrir le vrai pouvoir divin, qui est son essence : l'énergie de l'amour à l'intérieur de lui et non à l'extérieur.

> *Chercher l'amour à l'extérieur est un cri d'alarme lui indiquant que l'amour manque en lui.*

En se reconnectant avec l'amour qui l'habite, il se libère de ses souffrances et il attire l'amour sur tous les plans, car son essence est amour.

Une femme sage, vêtue d'une robe rose et d'un manteau violet, prend un grand livre dans sa main. Elle dit : « Gayatri, nous allons maintenant transmettre des enseignements sur l'amour pour aider l'être à effectuer un retour vers l'amour. Nous allons offrir dix clés à utiliser afin d'ouvrir les portes qui guideront l'être vers l'amour de lui-même et l'amour dans sa vie. Nous sommes les gardiens de ces dix clés de l'amour. Chacun des dix sages ici présents possède une de ces clés. Non seulement il transmettra les moyens de l'utiliser, il sera également là pour guider l'être tout le long du chemin vers ce retour à l'amour. »

La première clé

Reconnaître qui je suis

Ayamaya

« Je suis Ayamaya, gardienne de la clé de la reconnaissance. Celle-ci ramène l'être à une réalité qu'il porte à l'intérieur de lui et qu'il a oubliée ; cela demande l'ouverture du cœur ! Recevez l'amour et la compassion par le *rayon rose* qui accompagne cette clé. »

De par son mental et son passage sur terre, l'être humain a connu la peur. Cet état l'a envahi et l'a insécurisé. La peur l'a amené à nier sa potentialité. Par ses exigences et ses jugements par rapport à ce qu'il est, il s'est condamné à une vie de lourdeur et de souffrance.

> *En tournant le regard vers lui, il découvrira*
> *à quel point il est béni de l'Univers et de la terre.*

Pour que l'être puisse marcher sur le chemin de l'amour, il doit faire son premier pas vers lui-même ; il doit arrêter de chercher à l'extérieur ce qui se trouve à l'intérieur de lui et reconnaître la magnificence qui est présente dans son corps, son âme et son esprit.

Il a un corps puissant, à l'image de la perfection. Son corps physique fonctionne sans intervention de sa part. A-t-il besoin de dire à son cœur de pomper le sang ? A-t-il besoin de se rappeler de respirer ? A-t-il besoin de diriger la nourriture de son estomac à ses intestins ? La réponse à toutes ces questions est non, car la mécanique de son corps est parfaite. Son corps lui fournit toute la puissance et les outils nécessaires pour créer.

Créé à l'image de Dieu, l'être porte le pouvoir créateur en lui. De plus, il a reçu le libre arbitre afin de devenir maître de lui-même. Il a la potentialité de créer sa vie par son intention. Il a juste à choisir et, par son intention, il créera ce qu'il désire. Il a reçu tout cela, car il est aimé du Créateur.

En observant ce que la terre lui a donné, il réalisera qu'il est entouré par l'abondance et la beauté. Toutes les espèces animales, végétales, marines et minérales lui ont été données afin de se nourrir et de s'émerveiller. Il a la chance de vivre sur la mer, la montagne, dans la prairie, la forêt ou la ville. Il peut même aller jusqu'à la lune.

Le Créateur lui a donné tout ce qu'il y a de meilleur. Son intelligence dépasse même la technologie la plus avancée sur terre. L'être a aussi reçu la conscience, par le lien entre son âme et son esprit. En jetant un regard sur lui, il réalisera sa grandeur. Il verra dans son essence qu'il est un être d'amour et que l'amour jaillit dans chaque cellule de son corps.

> *Reconnaître ce qu'il est, tel qu'il est avec ses forces et ses difficultés, c'est la clé de l'amour, un amour qui coule dans la douceur et l'harmonie.*

En développant la reconnaissance de soi, son regard sur les autres portera ce reflet. Il se libérera des jugements et de l'exigence dans ses relations. Il verra la beauté telle qu'elle est chez l'autre et pourra l'aider à trouver le meilleur en lui et à le manifester dans ses relations.

En se connectant au meilleur en lui et en le reconnaissant, il s'offrira ce qui existe de plus précieux. Par ce regard admirateur sur soi, il lui deviendra naturel d'offrir la reconnaissance à l'autre. La reconnaissance est la première clé de l'amour, car elle est la manifestation de l'amour.

Dans la relation avec l'autre, il sera présent. Il apprendra la valeur de l'écoute, car il a deux oreilles pour ce faire. Écouter l'autre, c'est le reconnaître, c'est lui donner de l'importance. Écouter, c'est prendre le temps d'être disponible, en arrêtant son discours mental et en étant dans un état d'accueil et d'ouverture. C'est mettre de côté ses préoccupations et ses problèmes. C'est un geste de reconnaissance envers ce qu'il est. Par cette écoute, l'être verra la beauté et la grandeur présente chez l'autre. Il saura le regarder avec un regard d'amour.

La reconnaissance doit être intégrée dans le quotidien par les pensées, par les paroles et par les gestes. Être dans la reconnaissance de soi et l'offrir à l'autre par de simples moyens limite la tension et le jugement, et génère un environnement d'amour très nourrissant.

Chaque fois qu'il reconnaîtra l'autre, il réalisera qu'il le fait aussi pour lui-même, car l'énergie de reconnaissance est une énergie propulsive et nourrissante tant pour la personne qui donne que pour celle qui reçoit. Dans son quotidien, il planifiera des moments de reconnaissance pour lui et pour l'autre. Ces moments seront réservés à la célébration : se célébrer et célébrer l'autre.

> *Dans les relations importantes et intimes, un temps précis sera réservé pour le partage et la reconnaissance.*

En se mettant dans un environnement propice à l'ouverture et à l'écoute, l'être mettra de côté toutes ses préoccupations et les possibilités de dérangement par l'extérieur comme la télévision, le téléphone, etc. En étant complètement présent à l'autre, il prendra le temps de partager ce qu'il reconnaît en lui et ce qu'il vit de beau et de grand avec lui dans la relation. Par la suite, l'autre s'amènera dans cette dernière.

Si l'être a de la difficulté à faire des gestes d'appréciation ou à prendre un moment pour reconnaître l'autre, cela reflétera sa difficulté à se permettre de se reconnaître lui-même. Les préjugés concernant la reconnaissance embrouillent le mental. La reconnaissance est un besoin important ainsi qu'un geste d'amour.

Par ce chemin, dans la relation avec soi et l'autre, l'être se donnera un cadeau précieux, celui de la reconnaissance de son essence et de l'essence de l'autre.

Reconnaître qui je suis

Je suis un être d'amour.

Je reconnais mon essence qui est amour et paix.

Je choisis maintenant de reconnaître ma grandeur et ma magnificence.

Je choisis maintenant de m'aimer tel que je suis, avec tout ce que je suis.

Je reconnais mes forces, j'accueille mes difficultés.

Je rends grâce à mes difficultés et je reçois leur apprentissage.

Je prends du temps chaque jour pour reconnaître ce que je suis.

La reconnaissance que je porte à l'intérieur de moi jaillit de mon être vers les autres.

Je rends grâce aux personnes qui m'entourent et je reconnais ce qu'elles sont.

Je prends du temps chaque jour pour les écouter et leur montrer des gestes d'amour.

Je suis amour, je suis reconnaissance, je suis joie.

Qu'il en soit ainsi !

Gayatri et l'ombre
Une initiation à l'amour

Pendant un instant, Gayatri est transportée dans un autre lieu, là où elle est déjà allée, et les événements se déroulent devant elle comme dans un film. Elle est témoin d'une situation passée de sa vie.

En ce jour d'été, les sirènes de l'ambulance résonnent très fort. Allongée à l'intérieur, Gayatri s'efforce de garder les yeux ouverts. Elle entend de loin la voix de l'ambulancier qui lui demande de rester avec lui. Elle ne sait pas si elle en a la force. Ses enfants lui reviennent à l'esprit et elle prie : « Dieu, protège-les. »

La porte de l'ambulance s'ouvre et la vitesse à laquelle tout bouge autour d'elle la rend encore plus confuse. À bout de souffle, elle dit : « Je n'en peux plus, je m'en vais ! » Elle entend la voix de l'ambulancier, sans comprendre ce qu'il dit. Elle n'est plus consciente de ce qui se passe autour d'elle. Elle est partie !

Elle se voit allongée sur la civière, dans la salle des urgences, elle voit les médecins qui courent, l'infirmière qui la déshabille. « Mais qu'est-ce qui se passe ? » se demande-t-elle.

Elle voit son frère qui entre, mais elle est incapable de lui parler. Les médecins essaient de réanimer son corps. Elle réalise qu'elle flotte en haut de son corps. « Suis-je morte ? » Elle observe et elle est touchée par la scène ; elle veut dire à son frère de prendre soin de ses enfants, elle est sûre qu'il la ressent.

Une lumière intense la tire vers le haut, plus haut et encore plus haut ! Elle se trouve dans un tunnel où elle se sent aspirée. Elle se retrouve dans un lieu lumineux ; une paix profonde l'envahit et l'amour transperce son être. Une présence d'amour l'enveloppe et elle sait maintenant qu'elle a traversé la porte : elle se trouve dans l'au-delà ! Dans une prière d'amour, son cœur s'envole vers ses enfants.

Avec cette présence, elle entend une voix : « Gayatri, notre fille bien-aimée, tu as demandé la lumière et nous voilà pour toi. Nous étions toujours proches de toi et nous savons à quel point tu portes l'amour dans ton cœur. Nous sommes fiers de toi et tu es bénie du ciel. Tu as su donner l'amour et tu as beaucoup apporté aux gens qui ont croisé ton chemin. Toutefois, tu as oublié l'être le plus important, celui qui a vraiment besoin de ton amour : *toi* ! Nous sommes là pour te rappeler l'engagement de ton âme à vivre l'amour.

« Tu as bien réussi à aimer. Et toi, Gayatri, est-ce que tu t'es aimée ? Cette deuxième partie de ta vie consistera à expérimenter et à vivre l'amour de l'être que tu es, car ceci est le secret de la réussite de l'amour. Sur ce chemin, tu rencontreras ton guide principal ; ce guide portera toujours un cadeau pour toi, un cadeau mal emballé. Prends le temps de ne pas juger et de l'ouvrir. Prends le temps de te regarder en face et de t'aimer dans toutes tes couleurs. C'est dans l'ombre que tu rencontreras la lumière infinie. C'est dans l'ombre que tu recevras l'initiation à l'amour profond.

« Maintenant, nous te laissons avec notre cadeau d'amour. Reçois ce cœur cristallin, reçois notre amour. Dans le doute, retourne dans ton cœur et vois ce cristal s'installer. Tu répéteras dans le centre de ton cœur trois fois :

> *Je suis un être de lumière,*
> *je suis un être d'amour et de paix.*
> *Je suis l'enfant bien-aimée de l'Univers et de la terre.*
> *Je suis bénie. Je suis guidée.*

« Et, à la fin, tu ajouteras :

> *Qu'il en soit ainsi !*

« Notre fille, sache que tu es aimée et bénie. Nous serons toujours là pour toi. »

Les images continuent à se dérouler devant ses yeux. Gayatri perçoit l'équipe médicale autour d'elle. Elle entend l'infirmière dire qu'elle bouge ses paupières ; une autre voix confirme que son rythme cardiaque se stabilise. Elle ouvre les yeux un instant. Trop épuisée pour parler, elle sombre dans un sommeil profond, avec cet état de paix et d'amour qu'elle a ressenti dans la lumière.

Gayatri ne réalise pas encore l'importance de ce nouveau cycle de vie. Comme femme et mère, elle a tout donné. Comme amie et confidente, elle a toujours propulsé l'autre. Comme aidante, elle a donné avec tout l'amour contenu dans chaque particule de son être. Elle a bien réussi et elle était bien appréciée de tous. Maintenant, elle fera face à la plus grande initiation de sa vie : l'initiation à l'amour de soi. C'est une initiation exigeante où l'ombre sera son guide.

Elle entend : « Gayatri, voici comment cette nouvelle partie de ta vie débute : par une initiation à l'amour. Tu partiras de la réussite extérieure afin de créer la vraie réussite intérieure, celle de faire face à ton ombre et d'apprendre le vrai sens de l'amour. »

La deuxième clé

Choisir l'amour

Michaël

Le gardien de la deuxième clé, Michaël, se présente devant Gayatri. C'est un être grand, à l'allure très masculine, aux cheveux longs. Sur un côté de son corps, une belle épée bleue est accrochée à sa ceinture. Elle pense aux images de l'archange Michaël et se demande si c'est lui. En regardant dans ses yeux, elle ressent une force ; une sensation de vibration forte coule le long de son corps. Elle est fascinée non seulement par sa beauté, mais aussi par cette énergie d'amour se dégageant de lui : une puissance et une douceur enveloppantes, réunies.

Comme s'il lisait dans ses pensées, il répond à son questionnement : « Même si je me nomme Michaël, mon énergie est différente de celle de l'archange qui porte mon nom. Je suis le gardien de la deuxième clé. Mon énergie est pur amour. Cette puissance ressentie en ce moment est celle de cette clé. Avec elle, les bienfaits du rayon bleu sont transmis. En appelant ce rayon et l'énergie du gardien de cette clé, une aide se manifestera pour dépasser les obstacles dans le choix de l'amour. »

Michaël, le gardien, lui transmet les enseignements de l'énergie de l'amour. Sa voix rejoint le cœur de Gayatri.

Par son choix de reconnaissance, l'être humain est prêt à recevoir la deuxième clé, choisir l'amour.

Parler de l'amour est chose facile, choisir l'amour est le défi de l'humain dans son incarnation terrestre. Plusieurs livres et enseignements sur l'amour sont accessibles ; il existe beaucoup de théories. Toutefois, dans la réalité des relations, l'être se heurte à des obstacles qui bloquent l'amour.

Choisir l'amour devient alors un choix conscient afin de mettre en pratique l'intégration de l'amour.

Choisir l'amour, c'est prendre un engagement avec soi-même afin de marcher sur le chemin de l'amour. Cela demande du courage, de l'humilité, de la volonté et de la conscience.

Choisir l'amour, c'est être dans l'amour de soi, c'est se traiter avec respect et dignité. C'est croire que l'on est digne d'être aimé, c'est voir ce qui est beau et grand en soi.

Choisir l'amour, c'est se responsabiliser de ses états d'être, se regarder et se voir avec des yeux d'amour. C'est s'aimer dans son corps, son âme et son esprit.

> ***Choisir l'amour, c'est se donner le meilleur de soi.***
> ***C'est se traiter comme une personne unique et spéciale.***

Choisir l'amour demande des efforts conscients chaque jour, chaque heure, chaque minute, à chaque rencontre et à chaque pensée.

Choisir l'amour, c'est sortir de ses discours destructeurs envers soi et les autres.

Choisir l'amour, c'est cesser de se raconter des histoires sur sa souffrance causée par le manque d'amour. Assumer ses blessures et faire face à ses souffrances, c'est choisir de s'en libérer et de s'aimer.

Choisir l'amour est demandant pour l'humain, car l'ego se manifeste et l'embrouille. Le combat entre la tête et le cœur crée le doute en lui. En se rappelant son choix et en demandant de l'aide, il détiendra la clé et la puissance de l'énergie de l'amour. Il vaincra le doute sur son identité et sur ce qu'il veut créer.

Choisir l'amour, c'est accueillir sa profondeur et son humanité. C'est se laisser toucher dans sa sensibilité, par soi et par les autres.

Choisir l'amour dans les relations, c'est accepter que ce qui est vécu avec l'autre reflète une partie de soi.

Choisir l'amour dans les relations, c'est cesser de regarder l'autre et de faire son procès.

Choisir l'amour dans les relations, c'est se dire que l'autre est sur son chemin pour lui permettre de recevoir un apprentissage et grandir. Ce que l'être vit avec l'autre est un enseignement pour apprendre à aimer, malgré les obstacles et les blocages.

> *Choisir l'amour dans les relations, c'est devenir écoute.*
> *C'est écouter plus loin que ce qui paraît à la surface,*
> *c'est écouter le cœur.*

Choisir l'amour dans les relations, c'est prendre du temps avec soi-même, se connecter à son cœur et être présent à l'autre.

Choisir l'amour dans les relations, c'est apprendre à s'arrêter et à se demander : « Est-ce que je veux avoir raison ou est-ce que je veux aimer ? » S'il veut avoir raison, l'être se connecte au chemin des peurs. S'il choisit de vouloir aimer et d'être aimé, l'être se connecte au chemin de l'amour et à sa puissance intérieure.

En choisissant l'amour, l'être humain choisit de marcher sur le chemin de la paix et du bonheur. De cette façon, il créera le paradis non seulement dans sa vie, mais également sur terre puisque celui-ci se propagera. Par ce choix d'amour, il nourrit son âme, son corps et son esprit.

Avec cette clé, recevez ces affirmations. Avec le *rayon bleu* et la puissance de l'amour, répétez ces mots en vous connectant à votre cœur. Que ces mots deviennent une prière dans votre âme, votre corps et votre esprit.

Soyez béni !

Mes affirmations
Choisir l'amour

Je suis un être d'amour et de paix.

Je choisis l'amour avec courage, humilité, sensibilité, force et détermination.

Devant les obstacles et les discours qui sèment le doute en moi, je me mets debout, je dresse bien droit ma colonne vertébrale et je me connecte à mon cœur.

Je me libère des histoires qui embrouillent mon regard d'amour sur moi et sur les autres.

Je prends soin de mes souffrances et de mes blessures, et je réclame l'amour pour moi.

Je me libère des croyances qui m'éloignent de mon essence et de l'amour pour moi.

Je suis digne d'amour.

Je répands l'amour autour de moi.

Je regarde l'autre et j'agis avec amour.

J'envoie une pensée d'amour pour ceux que j'aime et pour ceux avec qui j'ai de la difficulté.

Je prends un moment et je m'offre un geste d'amour.

Je suis amour, je suis paix et je suis joie.

Qu'il en soit ainsi !

La troisième clé

Devenir
le gardien
de ses pensées

Kalimana

En choisissant l'amour, l'être humain est confronté à son libre arbitre par ses pensées. Car, par la pensée, il se trouve soit dans le monde de son mental inférieur, soit dans celui de son mental supérieur.

Le gardien de la troisième clé est Kalimana, un être très grand, aux cheveux bouclés. Au centre de son troisième œil, le point entre les deux sourcils, il y a un symbole : le triangle. À l'intérieur de celui-ci, on peut voir une forme qui, pour Gayatri, ressemble à un serpent.

Pendant qu'elle observe ce symbole, Kalimana lui adresse la parole : « Ce symbole est celui de la maîtrise du mental. Le triangle symbolise la trinité : le corps, l'âme et l'esprit. Le serpent est l'énergie de la shakti, présente dans la colonne vertébrale. En éveillant cette énergie dans son corps physique, l'être se connecte à son essence et reçoit la maîtrise de son mental, car la troisième clé est celle qui nous guide afin de devenir la gardienne de nos pensées. »

Gayatri se sent presque hypnotisée par ce symbole et l'énergie de cet être. Elle sent une vague de chaleur monter dans sa colonne vertébrale. Pendant un moment, elle a la sensation d'avoir des ailes et la joie remplit son cœur. Elle se laisse emporter par ce bien-être en recevant la troisième clé.

En choisissant l'amour, l'être est confronté, à chaque pensée, à faire un choix afin de marcher sur le chemin de l'amour ou sur celui de la peur. Chaque pensée a une vibration qui le propulse vers le chemin de son choix.

Son éducation et ses expériences de vie ont possiblement laissé de la pollution dans ses pensées. Cette dernière a un impact sur son corps physique et peut même être source de maladie ; elle affecte aussi son corps émotionnel et son état psychique. C'est l'être qui doit choisir de nettoyer cette pollution qui empoisonne sa vie et ses relations.

- Le mental a besoin d'être nettoyé comme le corps physique.

- Le mental nécessite un ménage régulier et même quotidien.

- Le mental est le monde où l'incubation de la création débute.

Une pensée peut ressembler à la cellule initiale de la procréation. Une pensée (énergie féminine), une attitude accompagnant la pensée la féconde (énergie masculine) et rend la création possible. Par la suite, le processus de gestation concrétise la création.

> *Chaque pensée a une possibilité de création, que ce soit une pensée avec une énergie d'amour ou une énergie de peur.*

Deux pensées, ou plus, de la même énergie augmentent et développent la possibilité de la création. Le choix de la pensée première dépend de l'être. En ayant une attitude ou en faisant une action reliée à cette pensée, la création débute.

En prenant conscience de ce processus, l'être reçoit le secret de son libre arbitre dans la création ainsi que celui de son pouvoir créateur.

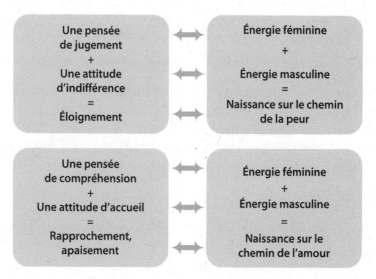

Avec ce pouvoir, c'est lui qui doit devenir le gardien de ses pensées. En sachant que par ses pensées il crée, l'être découvrira un monde de possibilités dans lequel il est le Créateur. Il réalisera que par ses pensées d'amour, il crée un monde d'amour.

C'est lui, et lui seul, qui a ce pouvoir. C'est lui qui doit devenir non seulement le gardien, mais aussi un parent conscient, en observant ses pensées et la direction qu'il veut leur donner. C'est lui qui est responsable de se nourrir du meilleur afin d'obtenir une semence de pensées saines et créatrices dans l'amour.

L'être doit observer ses pensées par rapport à lui-même.

Il doit être à l'écoute des phrases qui l'habitent et qu'il répète à son sujet. Son discours intérieur concernant l'être qu'il est, est-ce un discours de respect, d'accueil, de compassion, d'admiration, de reconnaissance et d'amour ? Ou est-ce un discours de critique, de jugement, de banalisation et de déni de ce qu'il est ? Par son discours, il porte le pouvoir de créer ou de détruire ; c'est à lui de choisir. Ses pensées ont un impact non seulement sur son état intérieur, mais aussi sur ses créations extérieures et sur ses relations. Observer le discours et les pensées face à soi, c'est devenir un bon parent gardien pour soi, qui guide sur le chemin de l'amour.

Cette observation doit être aussi importante pour les pensées que l'être entretient à l'égard d'autrui. A-t-il tendance à entretenir des pensées de ressentiment, de colère et d'impuissance? A-t-il tendance à avoir des pensées de compassion, de compréhension, de respect et d'amour?

> *Dans une difficulté relationnelle, le chemin de l'amour est celui des pensées créatrices.*

En ce sens, l'être projettera dans son mental ce qu'il désire créer. En entretenant des pensées élevées, l'attitude de l'amour sera nourrie, un bien-être sera ressenti et la création de ce qu'il désire suivra.

L'être manifeste dans sa vie le reflet de ce qui se trouve à l'intérieur de lui. Il a créé à l'extérieur ce qu'il possède à l'intérieur de lui. Ce qui est en haut est comme ce qui est en bas. Ce qu'on voit à l'extérieur est le reflet de ce qui se trouve à l'intérieur, comme ce qui est en dedans est le reflet de ce qui est en dehors. Tout se tient. C'est le *un* en lien avec le *tout* et le *tout* dans le *un*.

Avec cette clé, activez le *rayon violet*. Visualisez-le en flamme violette. Celle-ci vous aidera à purifier et à nettoyer les pensées qui vous limitent dans votre mental inférieur. Vous n'avez qu'à y faire appel et lui demander de transmuter vos pensées et vos énergies de basse vibration en énergies d'amour. En travaillant avec cette clé, vous aurez accès à ces affirmations afin de vous guider dans la réalisation de vos créations.

Mes affirmations
Devenir le gardien
de mes pensées

Je suis un être d'amour et de paix.

Je me reconnecte avec mon essence qui est amour et paix.

Je me libère des impuretés présentes dans mes pensées.

Je me dégage de ce qui est négatif en nettoyant mes pensées quotidiennement.

Je deviens par mes pensées le gardien qui protège le chemin de l'amour.

J'ai des pensées élevées par rapport à moi.

Je reconnais tout ce que je suis, même si le doute embrouille ma vérité.

Je me libère du ressentiment, de la colère et de l'impuissance.

J'ai des pensées de compassion, de compréhension et d'amour pour l'autre.

Par mes pensées, je crée ce qu'il y a de meilleur pour moi.

Par mes pensées, j'envoie ce qu'il y a de meilleur à l'autre.

Je marche sur le chemin de l'amour avec des pensées d'amour.

Qu'il en soit ainsi !

Gayatri et l'ombre
L'amour
et la non-dualité

Le temps s'arrête ; Gayatri se sent flotter. La notion du temps et de l'espace est absente. Elle a la sensation que rien d'autre n'existe que ce moment avec elle-même. Elle est reliée à son âme et à son esprit ; une clarté et une lucidité nouvelles s'éveillent dans sa conscience. Elle porte un regard nouveau sur ses pensées et leur pouvoir sur sa vie.

Gayatri comprend comment les pensées fonctionnent. Le regard qu'elle porte sur les situations réveille en elle des sentiments et des émotions enregistrés dans sa mémoire émotionnelle. En lien avec un vécu qui a forgé une sensibilité intérieure, un schéma de pensées et d'émotions est déclenché. Elle découvre pourquoi elle entretient les mêmes schémas dans sa vie et pourquoi elle a tendance à répéter des situations similaires avec des émotions souffrantes ; c'est elle qui les crée par ses pensées et qui, inconsciemment, fait durer la souffrance.

Gayatri réalise que ce processus la maintient dans l'état de victime : victime de sa vie, des circonstances et des autres. Elle apprend qu'elle a le pouvoir de créer sa vie. Il est certain que l'ombre viendra la tester souvent. C'est son guide qui l'aide à nettoyer tous les encombrements qui sont encore là. Quand l'ombre fait surface, elle peut choisir d'entrer dans une dualité avec elle-même en se jugeant, en se critiquant, ou en jugeant la vie et les circonstances extérieures. Cependant, elle apprend que, dans cette dualité, elle est perdante. Elle se perd elle-même et, inconsciemment, un mécanisme de sabotage s'enclenche et l'éloigne du bonheur.

Elle veut sortir de la dualité et ainsi créer un amour véritable dans l'accueil, la paix et le bonheur. En prenant conscience de ses intentions, elle devient émue ; elle réalise que cet amour qu'elle désire créer dans la relation avec l'autre, elle doit d'abord le ressentir envers elle-même. Elle se rend compte que la dualité dans l'amour avec l'autre est le reflet de sa propre dualité, qu'il reste du travail à faire à l'intérieur d'elle-même afin de nettoyer tous les résidus de sa guerre contre elle-même. C'est vrai qu'elle s'est beaucoup jugée et critiquée dans le passé, qu'elle croyait qu'elle ne valait rien, qu'au fond d'elle-même elle doutait qu'elle fût digne d'amour. Son ombre lui rappelle ces espaces de destruction de l'amour et de son essence.

Gayatri est touchée par l'essence de son âme qui la guide maintes et maintes fois vers ce qu'elle est. Les visages de certaines personnes qui font partie de sa vie lui viennent à l'esprit. Elle est touchée par la souffrance créée par la dualité dans l'amour. Elle est très sensible à tous les êtres qui croisent son chemin et qui vivent en guerre avec eux-mêmes. Cette violence subtile entretient la dualité dans l'amour de soi, le déni de soi et le rejet de soi. Son cœur s'ouvre si grand qu'elle a l'impression de pouvoir prendre tous ces êtres dedans. Elle leur envoie une pensée d'amour et de douceur. Elle se sent très reconnaissante envers eux, car c'est grâce à eux qu'elle a le courage de nettoyer ses pensées. Cet amour qu'elle ressent envers les autres l'empêche de démissionner de l'amour et du bonheur.

Gayatri se promet de continuer sur ce chemin vers l'union avec elle-même. Elle est maintenant consciente de la façon dont les pensées entretiennent la déchirure, la séparation et la dualité à l'extérieur d'elle. Elle réalise qu'en guérissant sa dualité intérieure et en devenant gardienne de ses pensées, elle se libérera de la souffrance inutile. Sur le chemin de l'amour, elle s'unit avec elle-même. Elle entend son âme chanter ces mots :

La joie me porte et me transporte !

Je vois avec les yeux du cœur la magie de la vie et la magie des personnes qui sont sur mon chemin.

Je te parle, à toi, celui qui marche à côté de moi…

Mon cœur et ton cœur sont un en Dieu.

Ma vie et ta vie sont une en Dieu.

Mon regard et ton regard manifestent l'amour divin.

Main dans la main, nous marchons vers la lumière.

Nous transcendons les barrières de la souffrance.

Nous nous libérons de nos chaînes et de nos lourdeurs.

Réjouissons-nous de ce retour vers l'unité.

Réjouissons-nous de ce qui est !

Nous sommes le fils et la fille des étoiles et, ensemble, nous créerons un monde de pleine potentialité dans l'amour et la joie manifestée.

Ne regarde pas loin, vois ce qui est.

Ce moment présent, vois les couleurs.

Écoute la musique du silence et la musique du cœur.

Avec toi, je serai moi, celle que je suis réellement, et toi également.

À côté de toi, je visiterai de nouveau les étoiles.

Nous sommes deux tout en étant un en Dieu.

Ayamaya reprend la parole, ce qui ramène la conscience de Gayatri au centre du cercle. Ayamaya tient dans sa main un long bâton dont le bout est orné d'une tête de cobra. De sa personne émanent la lumière, la puissance et l'amour d'un guide. En l'écoutant, Gayatri sent une paix intérieure profonde.

À l'extérieur de lui, l'être a créé la famille : mère, père et enfant. En lui se trouve cette trinité :

> *Dans l'âme se trouve l'énergie de la mère.*

> *Dans l'esprit se trouve l'énergie du père.*

Et par cette union :

> *Le corps est la manifestation physique de la création : c'est l'enfant.*

Par cette conscience et en nourrissant ces trois parties de lui-même – âme, corps et esprit –, l'être reçoit les clés de son équilibre et de l'amour.

La quatrième clé

Nourrir
son âme

Lumière

Une femme à l'allure très jeune, avec une longue chevelure touchant presque le sol, prend la parole :

« Je suis Lumière, gardienne de la quatrième clé. Mon énergie est reliée à la flamme Mère. Je vous guide vers votre âme et je vous donne le *rayon blanc*, celui de la pureté. Utilisez-le en appelant votre âme, car son essence est pure.

« L'être humain cherche la paix et la sérénité. C'est dans le lien avec son âme qu'il les trouvera. Elles ne sont pas accessibles de l'extérieur, elles sont à l'intérieur de lui.

« L'âme est cette étincelle divine présente en chaque être. Celle-ci lie l'être humain avec le divin. Elle est le divin en soi. Dans le corps physique, il y a cette présence inexplicable.

« Relié à son âme, l'être humain connaît la paix et la sérénité. Il n'existe pas de jugement, pas de doute, pas de correct ou d'incorrect, pas de gagnant ou de perdant. Ainsi relié à son âme, l'être humain ne cherche pas à avoir raison. »

> *Quand l'énergie de l'âme se manifeste, l'être humain ressent de la douceur et de la grandeur.*

« En présence de celle-ci, il vit dans le moment présent ; le passé et le futur n'existent point. C'est un état d'expansion.

« Quand l'énergie de l'âme se manifeste, c'est l'énergie de l'amour qui se manifeste, car la source de l'âme est amour.

« Pour marcher sur le chemin de l'amour, l'être humain choisit de nourrir son âme et de maintenir ce lien conscient et proche. C'est une clé importante qui l'aidera à conserver son choix de l'amour et à manifester ce qu'il y a de plus beau et de plus grand à l'intérieur de lui. »

Nourrir son âme, c'est avant tout reconnaître sa présence.

Nourrir son âme, c'est prendre du temps pour la relation, pour être en lien avec elle, cette étincelle du divin dans le corps physique.

> *Nourrir son âme, c'est être à l'écoute de ce qui réveille un état de paix et de sérénité profond.*

L'être humain choisit d'observer les éléments ou les situations qui le mettent dans un état de grâce et qui l'amènent à se connecter à un calme infini.

- Est-ce de regarder le coucher du soleil ?
- Est-ce de regarder dans les yeux d'un enfant ?
- Est-ce d'être présent dans un temple ou un lieu de prière ?
- Est-ce de contempler une fleur ?
- Est-ce de fermer les yeux et de se bercer ?
- Est-ce de se trouver dans le bois ou face à la mer ?
- Est-ce de répéter une prière ou de méditer ?

En sachant ce qui réveille cet état de grâce et de paix intérieure, l'être découvre le chemin qui le mène à son âme et se met en état de réception. Il nourrit ce lien.

Il nourrit son âme par différents moyens :

- Il s'entoure d'images inspirantes ;
- Il écoute de la musique et des paroles qui le mettent davantage en lien avec son âme ;
- Il crée, chez lui, un lieu sacré afin de se connecter instantanément avec son âme.

Par son pouvoir de choisir et par son choix de l'amour, il reconnaît l'importance d'être présent à son âme.

Il nourrit son âme en étant à l'écoute de sa voix qui se manifeste de différentes façons :

- par une sensation dans son corps ;
- par une image, par une chanson ou par un mot ;
- par une personne, par un animal ou par une coïncidence.

En étant à l'écoute, il sait que c'est son âme qui lui communique un message.

> *Il nourrit son âme par ses actions et par ses manifestations, par la beauté de ses gestes, de ses mots et de son attitude.*

De cette façon, ses pensées s'élèvent de plus en plus et manifestent les pensées de son mental supérieur. Il purifie le lien avec son âme et, en la nourrissant, l'amour se manifestera de plus en plus souvent en lui et autour de lui.

Il nourrit son âme en se rappelant son choix d'amour pour lui et pour l'autre.

L'âme se manifeste dans la relation avec l'autre. L'être dégage l'énergie de son âme en posant un regard d'amour sur l'autre. Quand il est en réaction et qu'il sent que ses pensées du mental inférieur sont déclenchées et que le jeu du pouvoir va commencer, il prend un moment pour bien respirer et se connecter à son âme. Il utilise le souffle de vie en prenant conscience de son corps. Il appelle son âme et lui demande de se manifester à l'intérieur de lui. Par sa pureté et son amour, il désintègre les impuretés dans ses pensées. Il retourne à son essence qui est amour et lumière. *Il appelle la lumière de son âme* afin de le guider et de rester relié à l'énergie de l'amour.

Son âme est pur amour et chaque fois qu'il l'appelle, il se nourrit de celui-ci. En l'appelant pour le guider dans ses relations, il reçoit l'amour et il en donne.

Mes affirmations
Nourrir son âme

Je suis un être de lumière, d'amour et de paix.

Je suis âme, corps et esprit.

Mon âme, je t'appelle, je te ressens en moi et proche de moi.

Mon âme, guide mes pas sur le chemin de l'amour.

Aide-moi à me libérer des jeux du mental inférieur et de la lourdeur.

Aide-moi à élever ma conscience et à me connecter à la conscience universelle.

Je choisis de prendre du temps pour être proche de toi.

Je choisis de m'entourer de ce qui est beau et pur.

Je choisis d'être à l'écoute de tous les messages que tu m'envoies.

Je regarde avec tes yeux, j'écoute avec tes oreilles et je parle avec ton amour.

Je deviens de plus en plus une manifestation physique de ton énergie amour.

Je salue les personnes autour de moi avec respect et je rends grâce à leur âme.

Qu'il en soit ainsi !

Méditations
Une douche de lumière nettoyante

Un rayon de lumière blanche descend de l'Univers vers Gayatri. Celle-ci se dépose en haut de sa tête et coule sur son corps comme une douche. Elle sent les tensions se relâcher dans son corps.

Elle entend une voix lui dire : « Gayatri, tu reçois une douche de lumière nettoyante. Au besoin, tu appelles cette lumière blanche. Tu prends quelques respirations profondes.

« Tu répètes intérieurement :

> *Je me donne la permission*
> *de me détendre et de me libérer.*

« Tu visualises cette lumière couler sur ton corps comme une douche. Tu émets l'intention qu'avec elle tu nettoies le stress et la fatigue. Tu déposes la lourdeur et le drame. Tu laisses aller les peurs, les inquiétudes, le doute et les jugements. Tu te libères de toute la négativité et de tout ce dont tu n'as plus besoin. Tu laisses aller le tout dans la terre. Tu envoies une pensée de gratitude à la terre qui reçoit ces énergies de basse vibration et émets l'intention qu'elles se transforment en énergie d'amour. Tu respires l'amour, la paix et la joie. Tu répètes cette visualisation une fois par jour ou au besoin. Une douche nettoyante par la lumière est un geste d'amour pour toi ! »

Gayatri se sent dégagée et en paix. La légèreté est présente dans son corps et son esprit. Elle sait qu'elle utilisera ce moyen pour se libérer et pour déposer sa lourdeur.

La cinquième clé

Nourrir
son corps

Malikam

Le corps est créé à l'image de la perfection divine. Il est la machine la plus puissante sur terre. La perfection de l'être humain s'exprime par l'essence divine qui circule dans son corps physique, affirme un sage, Malikam, le gardien de la cinquième clé. À sa vue, Gayatri est éblouie par la richesse et la magnificence de sa tenue. Il est vêtu d'une robe jaune étincelante et d'un manteau orangé. Une panthère noire l'accompagne. Tout le lieu est imprégné du *rayon orangé* accompagnant cette clé d'amour. Malikam poursuit son enseignement.

> *Le corps manifeste la beauté divine par l'art, le chant,*
> *le dessin et la peinture, le mouvement et la danse.*
> *Il s'exprime par des mots d'amour et par la poésie.*

À travers lui, l'être voit la beauté de la nature, de l'autre et de ses créations. Le corps est capable d'aimer, de serrer un autre avec ses bras, d'apaiser et de prendre soin. Toute cette beauté est présente en lui, puisque son esprit et son âme habitent aussi son corps.

Nourrir son corps, c'est voir plus loin que les soins et le souci des apparences physiques. Accueillir et aimer son corps tel qu'il est, c'est lui rendre sa dignité.

Nourrir son corps, c'est se libérer des croyances et des stéréotypes par rapport à la beauté esthétique ; c'est un retour vers l'amour.

Nourrir son corps, c'est manifester sa beauté, montrer sa différence et respecter l'être unique présent en lui.

Nourrir son corps, c'est lui manifester de l'amour. C'est avoir des pensées d'amour et de respect en le regardant.

Nourrir son corps, c'est pendre du temps pour le reposer, le soigner, le gâter, le dorloter, lui faire plaisir. C'est l'honorer et le nourrir.

Nourrir son corps, c'est choisir une nourriture saine et équilibrée. C'est lui offrir le nécessaire afin que ses cellules fonctionnent bien.

Nourrir son corps, c'est lui donner la quantité d'eau nécessaire, car elle est une source de vie.

Nourrir son corps, c'est le mettre en mouvement afin d'entretenir la flexibilité et la santé dans toutes ses fonctions.

Nourrir son corps, c'est écouter de la musique qui le calme et l'apaise, car elle a un grand impact sur ses cellules, ses cristaux d'eau ainsi que son état émotionnel et mental.

Nourrir son corps, c'est choisir avec amour le type de matériel pour le couvrir et le protéger, lui donner de l'importance et en prendre soin.

Nourrir son corps, c'est lui manifester de l'amour par son regard, ses pensées et ses actions.

La libération par le mouvement

En mettant son corps en mouvement, non seulement on lui exprime son amour, mais cela devient aussi une façon de l'entretenir. Le faire bouger, que ce soit en marchant ou par toute autre activité, est important tout comme de respecter son rythme et de ne lui imposer aucune pression qui dépasse ses limites.

D'ailleurs, le corps peut même être un outil de guérison face à la lourdeur des états émotionnels et des blocages physiques. Par exemple, si l'angoisse se manifeste par la peur et l'insécurité, l'être a tendance à se figer dans son corps, ce qui contribue à amplifier et à entretenir son état. Cependant, en mettant son corps en mouvement, il libère non seulement les tensions et les angoisses, mais il envoie également le message à la mémoire cellulaire qu'il y a mouvement dans cet état.

Mettre son corps au travail est un geste d'amour à la fois pour celui-ci et pour l'esprit. La stagnation du corps cause à la fois des séquelles sur lui et sur son mental.

Le corps porte en lui des mémoires d'états vécus. À la suite d'une opération chirurgicale, par exemple, une cicatrice reste apparente même si les cellules du corps se régénèrent continuellement. La mémoire imprégnée dans la cellule se rappelle le choc physique vécu et est présente tant sur le plan de la mémoire corporelle que sur le plan de la mémoire psychique.

> *En permettant au corps de bouger alors qu'il est dans des états émotionnels qui ont tendance à le figer ou à le paralyser, on permet de changer sa mémoire et de transformer l'affect négatif en affect positif.*

Le mouvement par le corps est un moyen puissant de se connecter à son âme et d'entrer en union avec l'esprit. Les anciennes traditions chamaniques, les pratiques spirituelles des soufis (mouvement ésotérique de l'islam) et les peuples aborigènes ont intégré cette connaissance. Dans les rituels et les prières, il y a cette présence du corps stimulé par le mouvement. Dans ces états, l'être manifeste l'union entre l'âme, le corps et l'esprit.

> *Le yoga est une philosophie et un mode de vie qui permettent l'union âme-corps-esprit.*

Il offre des techniques de respiration qui nourrissent le corps à l'inspiration (ou « l'inspire ») et nettoient les impuretés et les toxines à l'expiration. Les postures ainsi que la respiration (ou « l'expire ») développent la concentration et conduisent à un état de méditation. Le yoga est une philosophie qui offre des outils concrets et accessibles afin de nourrir ce lien âme-corps-esprit.

Le corps est le temple de son âme.

Avec cette conscience, le regard se transforme et l'amour se manifeste. L'être élève ses pensées non seulement face à son corps, mais aussi face au corps de l'autre; il voit ce qui est beau et magnifique. Le regard posé en est un d'amour et de reconnaissance.

Mes affirmations
Nourrir son corps

Je suis un être de lumière, d'amour et de paix.

Je suis âme, corps et esprit.

Je te traite, mon corps, avec amour et respect.

Je te redonne ta dignité.

J'apprends à t'écouter et à prendre soin de toi.

Je te libère de l'exigence et du paraître.

Mon regard sur toi est un regard d'amour.

Je vois ce qui est beau et unique en toi.

Je manifeste ma différence et j'exprime ta grandeur.

Mon corps, je t'offre ce qui est bon et nourrissant.

Je te remercie de me permettre de manifester l'amour.

Je te remercie de me permettre de voir toute la beauté.

Je te remercie pour ces mots d'amour que je peux exprimer à travers toi.

Je te remercie pour toute cette mobilité et cette flexibilité qui me permettent de vivre pleinement et avec intensité.

Je te remercie pour toutes les sensations que je ressens dans mon cœur et mon âme.

Je te remercie pour la vie.

Je te rends grâce, mon corps, et je t'honore.

Qu'il en soit ainsi !

La sixième clé

Nourrir
son esprit

Amalis

Un silence profond s'installe. Gayatri ferme les yeux et respire le calme et la paix. Elle a l'impression de ne plus ressentir son corps. Consciente seulement de son souffle, elle devient « l'inspire » et « l'expire ». Un état d'expansion envahit son être, elle est reliée à l'Univers. Elle entend la voix calme d'une femme : « Gayatri, dans le silence, l'esprit se manifeste. » En ouvrant les yeux, elle voit la gardienne de la sixième clé, Amalis. Dans sa main, elle tient un bâton doré à l'extrémité duquel se trouve une forme étoilée. Gayatri a l'impression d'être en présence d'une grande et majestueuse reine qui porte la vibration du *rayon doré* accompagnant cette clé. Par la voix d'Amalis, Gayatri se sent emportée par une paix profonde.

En choisissant le chemin de l'amour, l'être humain choisit de se nourrir avec conscience. La trinité divine a été donnée à l'humain par ce lien sacré : âme, corps et esprit. Un mariage d'amour de l'humain et du divin.

Relié à son esprit, il est dans l'énergie du Créateur, l'énergie du père. Toutes les mémoires et les archives de l'Univers sont accessibles à travers l'esprit. En parlant du grand esprit, l'être humain exprime ce lien avec la présence infinie.

> *Dans la vie physique, l'esprit se manifeste ou s'exprime*
> *par le mental qui génère les pensées.*

Par le libre arbitre, l'être a développé le choix entre le mental inférieur et le mental supérieur. C'est à travers les mythes, telles la voix de l'ange gardien et celle de l'ange déchu (celui qui est devenu démon), que l'on explique la direction de cette manifestation de l'esprit par les pensées.

Le mental supérieur, c'est l'essence de l'être, cette essence qui est en lien avec l'infini et avec le tout.

Le mental supérieur ne connaît pas le jeu du pouvoir et ne cherche jamais à avoir raison.

Le mental supérieur a des pensées d'amour et de compassion, sans raisonnement.

Le mental supérieur est celui qui reconnaît le beau et le grand dans tout, celui qui se rappelle le lien avec le Créateur et l'âme.

Le mental supérieur génère des pensées d'amour et de paix.

> *À travers le mental supérieur,*
> *l'esprit se manifeste et Dieu s'exprime.*

En connaissant la peur sous toutes ses formes, l'être humain a voulu combattre l'insécurité éveillée. Ayant peur de perdre son pouvoir, il a travaillé à l'extérieur de lui. Alors, il s'est perdu et l'ego est devenu son maître. À travers l'ego, il s'est cru maître, et il a voulu devenir le maître. C'est de cette façon que le pouvoir a commencé à se manifester. Le doute en lui s'est installé ; il a cru que c'était par la raison et par la force qu'il vaincrait son insécurité. L'ego est devenu le mental inférieur.

En étant dans le mental inférieur, l'être a perdu le fil avec la conscience suprême et il a opté pour la connaissance. Dans cette recherche de la connaissance sans la conscience, il a rencontré le pouvoir. La guerre intérieure a débuté et des guerres relationnelles ont explosé. Le lien avec le mental supérieur s'est affaibli et la mémoire de son essence s'est évanouie dans le temps. Afin de retrouver ce lien conscient avec l'esprit, l'être doit maîtriser son ego et son mental inférieur dans le quotidien.

Pour nourrir le mental supérieur

La méditation

La concentration sur la respiration, en observant « l'inspire » et « l'expire », soit dans le centre du cœur ou au point entre les sourcils (troisième œil), apporte un état de calme et de paix tout en créant l'ouverture de la conscience.

La contemplation

Prendre un moment pour contempler une image, la nature, le ciel, la mer ou même la flamme d'une bougie, aide à faire le vide et à se nourrir de la beauté en lien avec son esprit.

La répétition de prières ou de mantras

Cela ouvre et élève la conscience.

La pratique du silence

Le mental inférieur et la voix de l'ego se calment.

Maîtriser son mental demande du courage et de la persévérance afin de devenir témoin. En maîtrisant son mental inférieur, les impuretés qui bloquent la voix du mental supérieur se dégagent.

Nourrir le mental supérieur par des moyens qui éveillent un état d'expansion :

🦋 des mots qui élèvent l'esprit ;

🦋 de la lecture de livres d'éveil ;

🦋 de la musique inspirante ;

🦋 du théâtre ainsi que toute forme d'art et de créativité.

L'être humain rend la voix de son mental supérieur accessible par différents moyens par lesquels son esprit divin se manifestera.

> *Par des choix conscients et des demandes claires qu'il visualise, il nourrit son esprit et ouvre le chemin de la création par les pensées ainsi générées.*

Nourrir son esprit est possible. C'est un choix à faire quotidiennement, car c'est là que le divin se manifeste et pas seulement lorsque l'on se réfugie dans des grottes et des couvents. Le divin est présent à l'intérieur de l'être. Nourrir son âme, son corps et son esprit, c'est manifester la divinité dans la matière.

Mes affirmations
Nourrir son esprit

Je suis un être d'amour et de paix.

Je suis âme, corps et esprit.

Je m'engage sur la voie de l'esprit par la conscience.

Je me libère de la notion de pouvoir par le mental.

Je me permets de vivre dans le silence.

Je m'entoure d'éléments nourrissants pour mon esprit.

Je prends du temps pour la méditation ou la contemplation.

Je nourris mon esprit par l'art.

Je laisse la créativité se manifester en moi.

Je choisis les mots que je dis et les mots que je lis.

Je manifeste le divin par mes pensées et par mes actions.

Je suis amour, je suis paix et je suis lumière.

Je répands l'amour, la paix et la sérénité.

Je suis moi, le grand moi, le moi suprême.

Qu'il en soit ainsi !

Gayatri et l'ombre
Reconnaître qui je suis

Gayatri aperçoit son passé projeté sur un écran. Elle se voit dans une situation souffrante de sa vie, qui se répète. Elle entend une voix lui dire d'observer comment le mental inférieur peut entretenir la peur et la souffrance. C'est elle qui doit choisir de se connecter à son essence et de se libérer de ses chaînes.

Le passé se déroule devant ses yeux. Elle entend un murmure intérieur : «Je me sens seule… toute seule.» Gayatri ne comprend pas le sens de ces mots, car elle a toujours été entourée. La tristesse l'envahit, son cœur se serre et elle sent son cerveau se contracter. Elle se sent seule.

La situation d'hier lui revient : encore une manifestation de rejet de sa différence par l'extérieur. Que ça fait mal ! Elle sait qu'exister avec sa différence a toujours été un combat pour elle. Depuis son enfance, elle se sent différente des autres.

Hier, le retour vers cette souffrance. Cette fois-ci, pourtant, c'est différent. Non seulement sa différence a été jugée, mais elle a aussi été rejetée. Tout a basculé dans le passé, les mémoires ont refait surface. Ce qu'elle recevait, c'était le sentiment d'être mise à l'écart à cause de sa différence.

Ce sentiment de solitude l'a amenée dans des zones sombres à l'intérieur d'elle et le doute sur son identité a explosé dans son être. «Je veux mourir... je veux mourir», un écho qu'elle connaît. Elle se sent si seule et si vulnérable ! Elle se replie sur elle-même, elle veut se cacher. Son autre polarité vient de se manifester : le doute, la honte de ce qu'elle est. Cela lui confirme qu'elle ne vaut rien et qu'elle est mieux de se conformer, car pour les autres, sa différence est nulle. C'est le monde extérieur qui détient la vérité et qui définit sa valeur. Son cœur se serre encore plus.

Elle s'enfonce de plus en plus dans son désespoir, elle a peur de rester prise au fond. Son côté rationnel l'incite à s'arrêter et son ego lui dit de ne pas se montrer si vulnérable. Elle se sent divisée intérieurement. Elle est tiraillée entre deux possibilités : aller au bout de sa souffrance ou faire semblant et la nier.

Cependant, Gayatri veut manifester totalement ce qu'elle est. En observant les pensées de son mental inférieur, elle réalise qu'elle nourrit le masque de la fille forte et capable. Elle choisit donc de montrer non seulement ce qui est acceptable aux yeux des autres, mais aussi sa capacité de plonger dans son ombre et de faire face à son mental inférieur. Elle continue alors le chemin de son initiation à l'amour, l'amour de ce qu'elle est.

Gayatri comprend maintenant le sens de son désespoir et de son sentiment de solitude. Dans le passé, elle donnait son pouvoir à ce que les autres pensaient d'elle. Cela l'a menée à annuler ce qu'elle est. Maintenant qu'elle s'est donné la permission d'exister et de montrer son ombre et sa vulnérabilité, elle n'est plus seule ; elle est avec elle-même. Elle est sur le chemin de l'amour. Elle se sent digne d'être totalement elle, tant avec ses forces qu'avec ses difficultés. C'est elle qui détient le secret de sa valeur.

Elle peut maintenant se libérer des chaînes qui la gardaient prisonnière de la reconnaissance extérieure. Elle sait qui elle est avec toute sa différence : un être digne d'amour et de respect. Elle sent ses ailes s'ouvrir, elle est prête à les déployer pour aller au bout d'elle-même et de sa potentialité. Une pensée de gratitude remplit son cœur et tout son être, car en faisant face à son ombre et au discours de son mental inférieur, elle a reçu un cadeau d'amour : elle reconnaît la personne qu'elle est.

La septième clé

Un environnement d'amour

Mahaeli

« Par son libre arbitre et son pouvoir créateur, l'être humain développe la conscience de choisir son environnement. Celui-ci reflète ce qu'il est et ce qu'il désire développer. `

« En étant conscient de sa responsabilité, il saura choisir son environnement et comment nourrir son corps, son âme et son esprit. L'environnement choisi lui permettra de manifester ce qu'il est : un créateur sur le chemin de l'amour. »

Ces mots sont exprimés par Mahaeli, un homme aux cheveux bruns ; il est accompagné d'un léopard et un hibou est perché sur son épaule. Gayatri pense à Merlin l'Enchanteur en le voyant. Sa présence est magique et réconfortante. Il s'approche d'elle et lui offre un grand foulard indigo.

« C'est le *rayon indigo* de la septième clé, lui dit-il. Porte-le sur toi, Gayatri, et tu seras guidée par la sagesse de ton troisième œil, ce point entre les deux sourcils. Ce centre énergétique du corps humain détient la clé de la clairvoyance. Cela te permettra de voir plus loin que les apparences physiques afin de te guider dans le choix de ton environnement. »

> *Un endroit nourrissant est celui où la paix,*
> *le confort, le calme, la créativité et la joie sont présents.*

Pouvoir dire non à un environnement polluant est le choix de l'être. Les endroits qu'il fréquente, celui où il habite et celui où il travaille ont une influence et un impact sur son corps, son âme et son esprit.

Créer un environnement où règnent la simplicité, la beauté et l'abondance est important, car la beauté est l'expression du divin. Plus l'être prendra soin de son environnement et de son entourage, plus il sentira l'amour à l'intérieur de lui et autour de lui.

La demeure

Créer un environnement d'amour dans sa demeure par la propreté et l'ordre aura un impact sur son monde intérieur. L'être sentira l'amour en laissant l'artiste se manifester en lui pour décorer son habitat. Il mettra des couleurs vibrantes pour nourrir son regard, son esprit et son âme. Il apprendra l'impact de la couleur sur son monde intérieur. Ainsi, il pourra reconnaître celle qui pourra le nourrir, tant dans sa demeure physique que sur son corps. Il s'entourera d'images de la nature, de peintures, de photos de lui et des êtres aimés, ou de tout ce qui le nourrit par le regard et qui appelle son âme et son cœur.

Il écoutera de la musique qui lui permet de vivre un bien-être et s'entourera des odeurs qui lui font se sentir enveloppé et gâté.

> *Il fera de son lieu physique un espace digne de la royauté à travers laquelle sa grandeur et son essence se manifesteront.*

Les êtres qui habitent dans une telle demeure et ceux qui la visitent respireront l'amour et la beauté.

Le travail

L'impact de ses efforts à créer un monde d'amour dans sa demeure se manifestera dans son travail. Prendre le temps de travailler et de porter une attention à son environnement lui sera bénéfique.

> *Donner de l'importance au confort, à la beauté et à l'harmonie par de simples gestes, c'est un geste d'amour envers soi.*

S'entourer d'éléments comme une fleur, une image, une musique, trouver un outil pour améliorer son confort physique ou pour faire surgir des pensées créatrices, c'est choisir d'alimenter le bien-être et la paix intérieure.

Les lieux fréquentés

Les lieux et les personnes fréquentés ont un impact important sur l'évolution de l'amour. Dans les endroits où les bruits, les odeurs et les mots sont polluants, les fréquences vibratoires du corps physique de l'être seront affectées ; son âme sera muette et la clarté de son esprit sera embrouillée.

> *Choisir des lieux où l'on se sent en paix nourrit le corps, éveille l'esprit à ce qui est grand et fait vibrer l'âme.*

C'est à l'être de choisir, car il a toujours le libre arbitre pour se nourrir et pour manifester ce qu'il désire : l'amour ou la perte de son essence.

Les relations

Sur le chemin de l'amour, les luttes de pouvoir et la dualité se dissipent. Le paraître se dégage et l'être prend sa place. Le respect, la compréhension et la compassion deviennent la base de la relation. L'être devient conscient qu'il est le gardien du choix de son entourage et de ses fréquentations. Ainsi, il peut se nourrir et s'épanouir, ou se perdre.

Dans les relations, il y a des ponts relationnels qui se croisent et qui ont un impact sur la continuité du chemin choisi.

> *Avec cette conscience du libre arbitre et de l'importance de ses fréquentations, l'être opte pour des relations à travers lesquelles il se sent aimé et reconnu.*

À travers les yeux de l'autre, il se sent apprécié. Par l'attitude de l'autre, il se sent propulsé vers sa liberté d'être, sa grandeur et sa potentialité. Dans ce lien avec l'autre, il est nourri et ressent du bien-être dans son corps, de la paix dans son âme et de la clarté dans son esprit.

Par ses choix conscients, son environnement physique et relationnel devient le reflet de ce qu'il est : un être d'amour et de paix. Son essence nourrit les autres et contribue à créer un monde meilleur.

Mes affirmations
Un environnement d'amour

Je suis un être d'amour et de paix.

Je choisis maintenant de m'entourer d'un environnement qui reflète qui je suis.

Je laisse l'artiste se manifester en moi par mes choix de couleurs et de décor.

Je nourris ma créativité et je m'exprime par mes choix de vêtements.

Je sors de mes croyances limitatives et je crée la beauté par la simplicité.

Je vois l'abondance se matérialiser par l'harmonie et par la chaleur dans ma demeure.

Je m'occupe de moi à mon lieu de travail et je m'apporte une attention chaque jour.

Je m'attire des relations nourrissantes qui me propulsent et dans lesquelles je me sens grandir.

Je me sens aimé et apprécié pour ce que je suis et tout ce que je suis.

Je rends grâce à la sagesse de mon âme et de mon esprit qui me guident dans mes choix de vie.

Qu'il en soit ainsi !

La huitième clé

Se libérer de la lourdeur

Spiritus

Une brume envahit le lieu ; Gayatri se demande ce qui se passe. Elle ne voit plus le cercle des sages. La peur s'éveille en elle. Elle veut se sauver, crier. Son mental inférieur lui projette des images de peur. Elle tourne en rond et elle ne sait pas quoi faire. Elle entend une voix qui vient de loin : « Gayatri, arrête-toi un instant, respire et reste dans le moment présent ! En raison de cet élément exérieur qu'est la brume, ton mental inférieur a déclenché des histoires de drames et de peurs. Observe la réaction de ton corps, regarde à quel point tu ne maîtrises plus ton mental et combien tes émotions de peur sont intenses. Tu entres dans un espace de souffrance quand tu laisses tes pensées t'envahir. Ça t'amène à perdre la maîtrise de la réalité présente. La réalité, c'est la brume, point. Le reste se passe dans ton mental et dans ses histoires. »

À ces mots, la brume se dissipe. Gayatri voit une femme sage, la gardienne de la huitième clé, s'approcher d'elle. Elle se demande si elle flotte ou si elle marche, car elle ne voit pas ses pieds. Spiritus est habillée d'une longue robe jaune et elle tient dans sa main une longue plume violette. Gayatri est impressionnée par la beauté, l'énergie, la simplicité et la légèreté que cette femme dégage.

> *Ce qui entretient la souffrance et le non-amour*
> *chez l'être humain, c'est la lourdeur qu'il porte à l'intérieur*
> *de lui et qu'il propage autour de lui.*

Choisir l'amour, c'est choisir la liberté. L'énergie de l'amour donne la légèreté et, avec elle, les ailes de la liberté.

Vivre dans les histoires déclenchées par le mental inférieur entretient la lourdeur. Intégrer la conscience de la huitième clé en devenant le gardien de ses pensées est un chemin important dans la libération de la lourdeur.

La lourdeur est provoquée par les pensées et par les émotions. Par son pouvoir créateur, l'être exprime ses pensées à l'extérieur. Il prend alors conscience qu'une lourdeur l'accable, nuit à son existence et affecte les autres parce qu'elle dégage une énergie difficile à supporter. Par exemple, il peut arriver qu'on entre dans un lieu et qu'on s'y sente mal, ou même qu'on soit en présence d'une personne et qu'on se sente envahi d'un malaise inexplicable. Sans en être conscient, l'être transmet ainsi à son entourage ses états intérieurs.

> *C'est donc la responsabilité de chacun de gérer sa propre lourdeur et de protéger les êtres qui l'entourent.*

En étant conscient qu'il peut couper cette énergie de lourdeur par son intention et par sa volonté, il cesse de transmettre cette pollution aux autres. En utilisant le *rayon jaune* pour mieux s'envelopper, il se protège et protège les autres de cette lourdeur.

Se libérer de vouloir avoir raison

L'être humain a entretenu inconsciemment la souffrance et la lourdeur dans ses liens avec les autres. Chercher à avoir raison n'est pas une source de liberté ni de bonheur. Cette recherche entretient la loi du plus fort pour qu'il y ait un gagnant et un perdant. Elle déguise la souffrance du manque d'amour et de reconnaissance et elle alourdit l'existence. L'inconscience et le manque de connaissance de soi produisent une lutte intérieure qui mène aux conflits et, ultimement, à la guerre dans les relations. Cette attitude de vouloir avoir raison est à la source même des guerres dans les relations et sur la terre.

En choisissant de se libérer de ce fardeau provenant du mental inférieur, l'être quittera le chemin de la dualité et de la peur.

> *Il déposera les armes utilisées contre lui et les autres.*

De cette façon, il marchera sur le chemin de la paix et de l'amour. Il se sentira libre tout en laissant les autres libres d'être et d'exprimer leur vérité et leur différence.

Se libérer de la victime

En contactant cette nouvelle liberté d'exister, l'être est prêt à déposer un autre manteau de lourdeur et de souffrance.

> *Se dégager du sentiment de ne pas avoir le choix et d'être la victime est le début de ce nouveau chemin de libération.*

La victime cherche un coupable à ses maux de vivre, à ses manques et à ses souffrances. De cette façon, elle entretient un pouvoir déguisé et éphémère, celui de mettre la responsabilité sur les autres. L'être perd ainsi son pouvoir et sa liberté, et il entretient la lourdeur. Il est à la merci de son mental inférieur, loin de la voix de son âme et de la sagesse de son esprit.

Se libérer de l'état de victime qui accable l'être et l'emprisonne dans une histoire de souffrance sans fin est son droit.

Se libérer du drame
dans son histoire de vie

Choisir de faire le ménage dans ses croyances le guidera vers une force intérieure insoupçonnée. Cette pulsion à l'intérieur de lui manifestera sa puissance et le libérera des illusions de l'impuissance. Ainsi, il saura qu'il a toujours le choix d'entretenir la souffrance ou de s'en délivrer. Par ce chemin, il reconnaîtra son histoire de vie. Avec l'énergie d'amour, il accueillera ce qu'il a vécu, a connu, a perdu, tout ce qu'il a fait et tout ce qu'il n'a pas fait.

Il réalisera qu'il a vécu la souffrance du manque d'amour et qu'elle peut maintenant prendre fin.

> *Faire une boucle d'amour sur le passé et libérer toutes les personnes et les situations concernées est un geste d'amour.*

Il ne sert à rien de porter les boulets du passé car, avec eux, c'est difficile de s'envoler vers la joie et la liberté.

Faire la paix avec la victime en soi, c'est se libérer de son histoire de vie. Par ce geste d'amour envers soi, l'âme se réjouit, le corps physique se guérit et l'esprit se manifeste dans la création. Créer sa vie dans la liberté est un droit divin pour l'humain.

Par cette liberté chuchotée par la voix de son âme et propulsée par le souffle de son esprit, l'être se libère de la lourdeur. Il assume son histoire de vie. En déposant le drame et les manteaux de souffrance, en s'affranchissant du désir de vouloir avoir raison et de chercher un coupable à ses maux de vivre, son regard se remplit d'amour pour lui et pour ceux qui l'entourent. Dans cet état de légèreté et de liberté, il voit ce qui est plein et grand, il vole vers de nouveaux horizons et il célèbre la vie.

Mes affirmations
Se libérer de la lourdeur

*J*e suis un être d'amour et de paix.

Je reconnais ma grandeur et mon pouvoir de choisir.

Je choisis de déposer mes manteaux de souffrance.

Je choisis de déposer le drame et la lourdeur.

Je choisis de déposer le pouvoir d'avoir raison.

Je choisis de laisser aller la victime et l'impuissance.

Je choisis d'assumer mon histoire de vie.

Je choisis de mettre une boucle d'amour sur le passé et de le libérer.

Je reconnais tout ce que j'ai reçu et tout ce que j'ai manqué.

Je reconnais tout ce que j'ai fait et tout ce que je n'ai pas fait.

Je me permets de vivre avec ma différence et ma vérité intérieure.

Je reconnais la différence de l'autre et je le laisse libre d'être ce qu'il est, avec sa vérité.

Je choisis la légèreté, la liberté, la joie, l'amour et la paix.

Je suis guidé, je suis aimé.

Qu'il en soit ainsi !

Gayatri et l'ombre
La liberté d'être

Encore une fois, Gayatri se voit projetée sur un écran devant elle. Elle va visionner une partie de sa vie avec un nouveau regard et une nouvelle conscience. De cette façon, les sages vont lui permettre un retour en arrière afin de transformer ses limites et ses lourdeurs. Elle se met dans un état d'ouverture.

Gayatri ne comprend pas, elle est triste et confuse. Elle se demande pourquoi l'amour est parfois retenu par un simple fil. Une action, un mot ou un geste peut le détruire. Elle se questionne sur le sens de l'amour. Devant la raison, l'amour fond, l'amour s'efface. Est-ce que c'est ça, l'amour? Elle regarde la réaction de ceux qui l'entourent ainsi que sa propre réaction face aux autres. Être dans l'amour inconditionnel, c'est un désir qu'elle porte dans son cœur, mais la réalité est tout autre.

La peur de la réaction de l'autre est une peur qu'elle connaît et qu'elle ressent dans certaines situations. C'est comme l'épée de Damoclès et cela l'amène à surveiller ses mots, ses gestes et son attitude. C'est un état inconfortable qui la tient prisonnière et à la merci de l'autre.

Elle a été élevée dans la croyance qu'une mère doit toujours être disponible pour ses enfants. C'est pourquoi la culpabilité l'habite souvent à ce sujet. Elle se sent souvent tiraillée, d'une part, entre le devoir et les valeurs reçues par son éducation et, d'autre part, entre s'écouter et se réaliser dans l'être qu'elle est. Cette dualité a fait surface dans ses relations qui portent, elles aussi, la dualité de l'amour.

Devant la réaction de l'autre, sa culpabilité est si grande qu'elle a tendance à devenir confuse. Elle ne sait plus si elle doit respecter ce qu'elle est ou essayer de plaire à l'autre. Elle ne sait plus si elle doit continuer à quêter chez l'autre l'approbation de ce qu'elle est. Dans ce sens, l'amour tient par un fil, l'amour est conditionnel.

Face à la dernière situation qu'elle vit, elle ressent un poids lourd dans son cœur. Une femme qu'elle appréciait beaucoup a mis fin à leur relation. Gayatri est très triste, elle veut bien faire son bout de chemin dans la relation, mais elle se sent impuissante devant la fermeture de l'autre. Elle reconnaît toutefois que, aux yeux de l'autre, la raison de la rupture est valable. Tout en étant sensible à l'autre, Gayatri ne comprend pas pourquoi les relations ne tiennent qu'à un fil.

Elle se retire dans sa chambre et demande à être guidée : « Aidez-moi à avoir les mots justes, l'attitude aimante et les gestes qui viennent du cœur afin de dénouer cette situation. Comment puis-je agir avec une intention pure et cristalline afin d'assumer mon bout de chemin dans cette situation ? Comment assumer la réaction de l'autre ? Comment faire en sorte que cette situation dérangeante se transforme en un cadeau relationnel pour tout le monde ? »

Une lumière s'allume en elle. Est-ce possible que cette situation se présente afin qu'elle puisse dénouer une autre chaîne qui l'emprisonne ? Est-ce possible que la vie lui envoie un autre cadeau mal emballé ? Oui ! Elle réalise qu'une partie de son ombre qui la tient prisonnière est en train de se manifester. Elle veut aller au bout d'elle-même et faire face à ce qu'elle est.

Pourtant, même devant cette lumière et cette possibilité, elle tremble intérieurement. Devant la fermeture et le rejet de l'autre, elle se sent blessée. De même lorsqu'elle était jeune, devant la réaction de l'autre face à elle, elle se demandait si elle était réellement aimée. Elle avait l'impression que l'amour de ceux qui l'entouraient était conditionnel à ce qu'elle se conforme à leurs attentes et à leurs normes. Elle voyait que l'amour a un prix : celui de toujours se conformer, sinon le fil était coupé. Pourquoi l'amour ne tient-il qu'à un fil ? C'est une question qu'elle se pose depuis longtemps.

Sur l'écran, elle se voit petite, à six ans. Elle sent un frisson parcourir son corps. Allongée dans son lit, dans un sommeil profond, elle entend une voix. Elle rêve qu'elle court dans un champ de tournesols à la recherche de quelque chose. Elle sait que si elle cherche fort, elle trouvera. Elle entend encore la voix comme un écho. Remplie de curiosité et d'une grande énergie à trouver ce qu'elle cherche, elle ne lâche pas et elle court. En arrivant au bout de ce champ, la petite Gayatri fait face à un chat. Elle essaie de l'approcher, mais il a peur. Il étire son corps et ses poils se raidissent ; il est apeuré et commence à se sauver.

Petite Gayatri lui parle d'une voix tendre et douce : « Beau chat, n'aie pas peur, je ne te ferai pas de mal. Je suis seulement différente de toi. Même si j'ai l'air plus grande avec tous ces vêtements que je porte, avec ces longues jambes et ces mains avec de longs doigts, même si je ne parle pas de la même façon que toi, même si je ne mange pas la même chose que toi, je t'assure que je suis seulement différente et que je ne te ferai pas de mal. Je comprends que tu puisses avoir peur de notre différence. Mais moi, j'aime bien cette différence. »

Le chat lui répond : « Non, je ne te fais pas confiance ; si tu étais un chat comme moi, tu saurais comment agir et être.

Je sais même comment me défendre. Mais tu es si différente. Il faut que je reste loin de toi. »

Ne sachant que faire, elle regarde autour d'elle et, de sa main, lui montre ce qui les entoure.

« Regarde autour de nous. Nous ne sommes pas seuls. Vois tous ces bouts de soleil debout, avec leurs tiges qui vont jusqu'au sol et leurs têtes jusqu'au ciel. Regarde l'herbe qui couvre le sol ; tu vois les grands arbres là-bas ? Ah oui ! Et les oiseaux qui chantent, tu les entends ? Comme c'est magnifique toute cette différence ! C'est vrai que dans chaque chose tu trouveras de la différence, mais cette différence est si belle ! Moi, j'aime l'explorer, je cherche la richesse à travers elle, beau chat qui a peur de moi. Je te trouve magnifique avec tes yeux perçants, ton long poil et tes couleurs mélangées. J'ai besoin de ta différence pour mettre de la vie dans la mienne. Tu n'es pas obligé d'être comme moi, ni moi comme toi. »

Le chat s'approche un peu plus de la petite Gayatri ; elle lève sa main dans un geste pour le caresser. Il hésite un peu ; elle attend, elle sait qu'elle doit respecter son rythme. Il s'approche maintenant jusqu'à sa main et elle le caresse avec tout l'amour qu'elle porte dans son cœur. Ce petit chat ressent l'amour et il apprivoise la différence de la petite Gayatri. Il réalise qu'il peut peut-être se nourrir de cette différence.

Petite Gayatri entend la voix de nouveau et elle voit sa mère devant elle : « Je te cherchais, ma fille, j'étais inquiète. Je sais que tu as de la peine. C'est vrai que nous te demandons d'être comme ta sœur et les autres enfants. Comme mère, je croyais que c'était mieux d'établir des exigences pour que tu deviennes comme les autres. Je ne sais pas ce qui me prend parfois. Je suis désolée que ta différence me dérange. Je m'inquiète pour toi. Mais en te regardant courir, si heureuse dans ce champ de tournesols, je réalise que ce n'est pas à moi de briser ta différence. Même si ce n'est pas facile, je vais essayer de te voir comme tu es et non comme je voudrais que tu sois. Je vais essayer de voir ce qui est beau en toi et non comment j'ai appris que tu devrais être. Ma peur m'aveugle parfois et m'empêche de voir pleinement ta beauté et ta différence. Je t'aime, ma fille ! »

Petite Gayatri court dans les bras de sa mère, des larmes de joie coulent sur ses joues. À son réveil, un état de sérénité l'habite.

Gayatri a l'impression qu'à travers ce voyage dans son inconscient elle a récupéré une partie d'elle-même. Elle est devenue une mère aimante pour elle-même, en accueillant sa différence. Dans cet état de paix, elle envoie une pensée d'amour à tous ceux qui sont passés sur son chemin, à toutes les personnes qui l'ont amenée à douter d'elle.

Même si elle sait qu'elle ne peut pas être acceptée et aimée de tout le monde, même si elle sait que la différence peut faire peur, elle récupère sa liberté en s'accueillant elle-même totalement. L'amour pour elle-même est beaucoup plus solide qu'un simple fil : il est inconditionnel !

La neuvième clé

La foi

Horus

Un soleil immense éclaire le lieu et le remplit d'une douce chaleur. Tout devient brillant, étincelant. En regardant les sages, Gayatri les voit devenir pure lumière. C'est comme si leurs corps se fondaient avec le soleil. Elle entend une voix et sent la présence du gardien de la neuvième clé proche d'elle.

« Même si tu ne me vois pas dans la matière physique, tu me ressens et tu m'entends. Je suis Horus et je te guiderai vers la clé de la foi. Ferme les yeux et tu me vois, tu m'entends et tu me ressens. Je suis présent à tout moment avec le *rayon vert* de la neuvième clé. »

Gayatri ferme ses yeux. Elle voit un sage qui ressemble aux personnages dans les légendes de l'ancienne Grèce. Un dieu puissant tenant dans sa main un trident la regarde. Son regard enveloppant lui donne l'impression de recevoir le soleil en elle. Elle sourit intérieurement, impressionnée de voir que c'est seulement en fermant les yeux qu'elle peut voir cet homme géant. Elle se laisse guider par sa voix et sa présence.

La foi est cette certitude intérieure profonde qu'il existe une puissance invisible présente à tout moment pour soi, pour guider, protéger et manifester ce qu'il y a de meilleur.

La foi est cette sensation d'une certitude infinie et sans limites qui amène l'être dans un espace de possibilité de création et de réalité où le doute est inexistant.

La foi est cette force qui permet à l'impossible de devenir possible et par laquelle les miracles se produisent.

Dans son incarnation terrestre, l'être humain vit parfois la perte de cette certitude, ce qui l'amène à vivre un sentiment de solitude. Il sent un vide intérieur et il essaie de le remplir de l'extérieur. Il pense que c'est à travers l'autre et dans l'action qu'il connaîtra le bonheur. Souvent, il part dans une longue recherche afin de trouver ce qui lui manque. Ce vide peut lui faire ressentir du désespoir. En effet, il a oublié ce qu'il est : un être humain uni au divin qui n'est jamais seul.

Il est corps, âme et esprit. Dans ce lien de la trinité, il est relié au Tout. En se connectant à son âme, il se sent rempli par l'amour infini et accompagné par l'esprit du divin. Ce sentiment est une certitude présente dans la mémoire des cellules de son corps physique. Il est la manifestation de la divinité dans la matière, le fils du Créateur, par ce lien de l'âme et de l'esprit. Avec cette reconnaissance de son identité, la foi est son moteur dans la création.

L'esprit s'exprime par les pensées du mental supérieur. Par ses intentions et la foi dans ce qu'il est, il crée sa vie. Cette foi inébranlable vient de la certitude de son identité, car Dieu ne doute jamais de son pouvoir créateur. Dieu sait qu'il est relié au Tout et qu'il fait partie du Tout. Et ce Dieu est en chacun !

Utiliser le pouvoir de l'intention, c'est visualiser avec certitude la création déjà arrivée.

C'est vivre dans l'énergie de sa création comme si elle était déjà réalisée. Ce pouvoir de l'intention n'a pas de limite et, avec la foi, il se manifeste instantanément.

Avoir la foi, ce n'est pas quelque chose qui s'apprend de l'extérieur ; c'est un état de certitude intérieur. L'être humain peut être certain qu'il est aimé de l'Univers, de toutes les familles angéliques et de tous les guides. Il y a plusieurs êtres de lumière qui l'entourent et qui sont là pour le protéger et le guider. Ils sont aussi présents pour l'aider à réaliser les demandes qui sont appelées par son âme et propulsées par son esprit. L'être humain connecté à sa foi est en état d'union avec le Tout.

Ce qui lui permet de nourrir la foi, c'est de créer un environnement qui lui rappelle d'où il vient : de cette union avec le divin. En exprimant des prières, des chants ou des mantras, les mots sacrés nettoient la pollution du mental inférieur et le doute. C'est sa responsabilité de garder la ligne ouverte, une ligne de connexion toujours accessible. La méditation est un autre moyen pour entretenir le lien avec ce qu'il est.

Sa foi lui donne une clé magique, car il peut matérialiser ce qu'il a visualisé dans ses pensées et exprimé par le verbe.

De cette façon, il pratique son pouvoir de choisir et son libre arbitre. Le meilleur temps pour affirmer ses choix à haute voix, c'est le matin au réveil. À ce moment-là, le lien entre l'âme et l'esprit manifesté dans le corps physique est encore en état de pureté, car le mental inférieur ne s'est pas encore déchaîné dans des discours limités. C'est à lui de choisir comment il veut vivre ses journées, ses relations et sa vie. C'est lui le créateur.

Les affirmations matinales sont un moyen d'invocation de ses créations.

Les intentions, avec la foi, constituent une ouverture vers l'infini et le pouvoir créateur.

Mes affirmations
La foi

Je suis un être d'amour et de paix.

J'ai la foi en ce que je suis.

Je suis humain uni au divin.

Je pense, je ressens et j'agis en lien avec mon âme et mon esprit.

Je suis libre de créer ma vie par mes intentions.

Je choisis de me libérer de mes doutes.

Je choisis de croire en ce qui est le plus beau et le plus pur même si je ne le vois pas.

Je crée un lien d'amour avec les êtres de lumière, les guides et les anges.

Je choisis de prendre du temps dans ma journée pour la contemplation, la méditation ou les prières.

Je me réveille le matin avec mes intentions que je répète à haute voix pour bien nourrir ma journée.

Je crée mes intentions et je les transforme au besoin.

Je réclame mon droit au bonheur.

Je suis guidé, protégé et aimé.

Qu'il en soit ainsi !

Mes intentions
Un rendez-vous avec la création

Aujourd'hui, je fais la connaissance de personnes extraordinaires.

Aujourd'hui, je rencontre l'inhabituel.

Aujourd'hui, je connais la richesse comme je ne l'ai jamais connue.

Aujourd'hui, je connais la joie, la légèreté, l'épanouissement et l'amour dans ma vie amoureuse.

Aujourd'hui, je connais l'harmonie, le bonheur et la joie dans mes relations.

Aujourd'hui, je connais l'organisation et la structure, la productivité et l'équilibre qui se manifestent dans mes pensées et mes actions.

Aujourd'hui, je crée la magie dans ma vie et je la verrai se manifester.

Durant toute cette journée, je serai tellement enthousiaste que je me libérerai de toutes les limites et je deviendrai l'artiste de ma vie.

Qu'il en soit ainsi !

La dixième clé

La gratitude

Samaya

Les douze sages s'approchent de Gayatri. En leur présence, elle se sent enveloppée d'une énergie d'amour si puissante qu'elle se sent léviter. Les mains des sages la maintiennent dans l'espace. Gayatri ferme ses yeux et des larmes coulent sur son visage. Cet état d'amour la fait vibrer et elle se sent aimée sans condition, sans contrainte, sans peur, sans dualité et sans fin.

> *L'amour infini l'enveloppe et nourrit chaque particule, chaque atome et chaque cellule de son corps. Elle est bénie par l'Univers et par tout ce qui est.*

Ce moment de grâce semble s'étendre vers l'infini. Plus rien n'existe. Il n'y a que ce moment et cet état d'expansion, de béatitude, de paix et d'amour.

Gayatri est de nouveau au centre du cercle et les sages sont retournés à leur place. Elle prend le temps de regarder chacun d'eux et la gratitude remplit son corps, son cœur, son âme et son esprit.

Une musique chaleureuse et joyeuse remplit le lieu. Une des sages bouge son corps, elle danse et s'approche de Gayatri. Elle lui dit :

> *«Je suis la lune, je suis les étoiles, je suis le soleil, je suis la mer, je suis la terre et je suis l'Univers. Tout ceci est en moi. Tout ceci est en toi, Gayatri.»*

Les mouvements de son corps sont si gracieux, on dirait une prière, pense Gayatri.

Samaya, la gardienne de la dixième clé, lui remet une petite boîte dorée. Gayatri l'ouvre et, à l'intérieur, trouve une clé sur laquelle est gravé le mot « gratitude ». Avec cette clé, Samaya lui offre les *rayons rosé et doré*. Gayatri écoute la gardienne qui se manifeste par le mouvement et la danse.

Le regard de la gratitude est doux et enveloppant.

Avec celui-ci, les expériences de vie prennent un nouveau sens, celui de l'acceptation et de l'apprentissage. Comme l'huître qui polit la graine de sable qui la dérange et qui, par ce processus, la transforme en perle, l'être saura tirer un apprentissage des leçons acquises et de la richesse reçue. Ces dérangements ont été une source d'évolution pour lui. Toutes les personnes, les situations et les souffrances ont un sens et il rendra grâce à toute la richesse qui est en lui.

La gratitude amène l'être à voir sa grandeur et sa puissance. Il n'est pas quelqu'un qui subit. Il expérimente la vie et il a toujours le libre arbitre face à ses choix et à ce qu'il retire des expériences vécues : soit d'évaluer son expérience avec le regard de son mental inférieur et d'entretenir des pensées de lourdeur et de souffrance, soit de se rendre grâce ainsi qu'à l'expérience vécue et qui lui est inspiré par son âme et stimulé par son esprit. De cette façon, son mental supérieur le nourrit et acquiert la paix dans son quotidien.

Cette roue de souffrance est terminée, car il sait maintenant comment aller dans l'ombre afin de trouver son essence et sa lumière. Il reconnaît que c'est lui qui doit choisir son chemin. Même si parfois il peut se perdre en route, par la conscience de son âme, de son corps et de son esprit, il saura retrouver son chemin.

Cette conscience qui se manifeste en lui le conduit sur le chemin de la gratitude. En nourrissant son âme et son esprit, l'être se remplit de l'énergie de l'amour. En s'entourant de ce qui est bon et pur, il sème la gratitude. Il s'entoure de pensées et d'images élevées.

En se regardant, il rend grâce à tout ce qu'il est. Il admire ce corps qui l'a soutenu jusqu'à maintenant dans la vie physique et qui lui a permis de vivre, de ressentir, de vibrer, de pleurer, de rire, de crier, d'aimer, de souffrir, de marcher, d'escalader, de plonger, de courir, de dormir, de faire l'amour, de voyager, d'avoir peur, de se dépasser, de danser, de peindre, de dessiner, de regarder, d'écouter, de parler, de chanter, de manger, de boire, d'écrire, de caresser, de prendre soin des animaux, de semer, de créer et de donner la vie.

Son corps lui a permis de vivre et d'exister dans cette vie terrestre. Il sait maintenant que par son libre arbitre il peut décider de vivre pleinement et intensément. Il a ce pouvoir de choisir et de créer à travers son corps ses expériences de vie. Il rend grâce à son corps et aux choix qu'il a faits dans la conscience ou l'inconscience.

Dans l'énergie de la gratitude, il n'y a pas d'évaluation ni de jugement. Il y a tout simplement la reconnaissance de ce qui est et le désir de rendre grâce. C'est un mouvement intérieur inspiré par l'énergie de l'âme et propulsé par l'esprit. Se prosterner devant ce qui est, sans questionnement ni évaluation, c'est rendre grâce. C'est un geste d'humilité qui manifeste la grandeur de l'énergie de l'amour.

> *Dans la gratitude, le regard reflète la lumière de l'âme, l'essence de l'être et la sagesse de l'esprit.*

Cette énergie puissante a un regard d'amour sur tout ce qui est, incluant toutes les expériences de vie. L'être rend grâce à tout ce qu'il a vécu et à toutes les personnes qui ont croisé son chemin.

Mes affirmations
La gratitude

Je suis un être d'amour et de paix.

Je rends grâce à qui je suis et à tout ce que je suis.

Je rends grâce à mon corps, à mon âme et à mon esprit.

Je rends grâce à mes guides terrestres et célestes.

Je rends grâce à mes expériences de vie.

Je rends grâce à toutes les personnes qui se sont trouvées sur mon chemin.

Je rends grâce à la pulsion d'amour en moi qui me permet de choisir ces mots que je lis.

Je rends grâce à ma potentialité et à mes limites conscientes et inconscientes.

Je rends grâce à mes parents qui m'ont donné la vie, ainsi qu'aux expériences vécues.

Je rends grâce à ma famille et à mes amis.

Je rends grâce à ceux qui m'aiment et à ceux avec qui j'ai eu un vécu difficile.

Je rends grâce à l'humain et au divin en moi.

Je rends grâce à la vie et je chemine dans l'amour et la paix.

Qu'il en soit ainsi !

Marcher sur le chemin de l'amour

Amrita, un autre sage, s'adresse à Gayatri :

« Nous offrons ces clés à tout être qui désire vivre dans l'amour et sortir de la souffrance, de la dualité, de la guerre intérieure et relationnelle, et qui veut se libérer des peurs et de l'insécurité. Ces clés permettront à ceux qui s'engagent sur le chemin de l'amour d'ouvrir des portes à l'intérieur et à l'extérieur d'eux-mêmes. Une clé est un outil accessible qui peut être utilisé même pour ouvrir les portes les plus massives ; il s'agit seulement de l'avoir sur soi, en soi et de l'utiliser.

« L'utilisation et l'intégration de ces clés sont comme une nouvelle façon d'être à développer.

« Ce qui aide à changer un conditionnement non satisfaisant, c'est de créer un mouvement vers un autre objectif. Pour transformer certaines habitudes ou dépendances, l'effort, la persévérance et la volonté sont nécessaires pour que l'intégration de la nouvelle façon d'être se manifeste. Par exemple, si l'être se réveille le matin en étant plaintif, développer sa concentration et pratiquer des affirmations le mettra en mouvement vers son nouvel objectif. Avec le temps, il ressentira l'impact de son action sur son être et dans sa vie. Par sa conscience et par ses efforts, la plainte se transformera en semence de création saine et joyeuse.

« Intégrer les enseignements de ces clés et les mettre en pratique au quotidien d'une façon consciente lui permettra de se solidifier. Par la suite, quand surviendra un obstacle, petit ou grand, il lui sera plus facile de trouver la porte, de l'ouvrir et de la franchir. L'intégration et la pratique quotidienne lui rendront le chemin de l'amour toujours accessible.

« La première clé permet d'ouvrir la porte vers soi, celle de la reconnaissance de soi. En s'en nourrissant, l'être avancera vers les autres portes.

« La célébration est un outil important dans l'intégration de ces clés. Apprendre à apprécier ce qui est, c'est le chemin de la célébration.

« L'énergie de la célébration est une énergie puissante sur le chemin de l'amour. Prendre rendez-vous avec soi chaque jour et célébrer un effort, une prise de conscience, une intuition. Célébrer un moment de paix, un cadeau reçu ou même la vie, c'est se donner de l'amour et marcher sur le chemin de l'amour.

« Ces clés d'amour guideront l'être vers le retour à la source et la reconnaissance de son essence. C'est une façon de vivre et c'est à lui de les intégrer.

« Gayatri, ces clés sont maintenant imprégnées en toi. Ces enseignements ont toujours existé sur terre, mais ils ont été oubliés. Cela est seulement un rappel de la réalité de ce que vous êtes.

« *Chaque personne qui les reçoit réalisera qu'il s'agit d'un moyen de transformation. L'amour sur terre est la responsabilité de chacun. En intégrant l'amour pour soi, celui-ci se manifestera dans les relations et autour de soi. De cette façon, chaque personne donnera ce qu'elle a reçu et recevra ce qu'elle a donné. Une chaîne d'amour sera créée sur terre.*

« *Soyez dans l'amour, car vous êtes des êtres d'amour. Manifestez l'amour de ce que vous êtes et l'amour des autres.*

« *Il n'y a rien de plus grand ni de plus beau que l'amour…* »

Avec ces mots, Gayatri plonge dans un état de paix profonde et se sent bercée par une énergie d'amour et de joie !

Paix,
amour
et
lumière

Qu'il en soit ainsi !

L'intégration des dix clés de l'amour

Chère lectrice, cher lecteur

Pour les personnes qui désirent intégrer les dix clés de l'amour proposées dans ce livre, la démarche suggérée est décrite plus loin.

La persévérance, la discipline, la volonté, la patience et la sensibilité à soi sont des ingrédients importants dans ce processus d'intégration. L'objectif est d'être dans l'accueil de soi-même quand une difficulté survient, de célébrer les efforts et les petites réussites.

Pour ceux et celles qui le désirent, je vous invite à faire un retour à la suite du travail d'intégration. J'apprécierais être informée de l'impact que l'intégration de ces clés a eu sur votre vie, dans la relation avec vous-même et avec les autres.

Je souhaite que l'amour vous berce dans ses bras et vous comble de ses cadeaux !

Que l'amour, la paix et la joie soient dans votre cœur et votre vie !

Guide pour l'intégration des dix clés de l'amour

En choisissant l'amour dans votre vie, l'intégration au quotidien devient très importante. Pour retirer les bienfaits des exercices physiques, par exemple, il importe de les pratiquer tous les jours.

Pour avoir une bonne santé physique, c'est par la bonne nourriture au quotidien que vous pouvez constater un résultat dans votre corps et votre énergie. C'est le même principe pour l'intégration du bien-être dans votre vie. C'est à vous de choisir la qualité de votre journée par vos pensées, votre attitude et vos mots. Les affirmations des clés sont des moyens simples et accessibles à utiliser chaque jour.

À la fin de ce livre, vous trouverez les dix affirmations des clés ainsi que « Mes intentions ». Je vous suggère deux méthodes pour les intégrer ; choisissez celle qui vous convient.

Première méthode
Intégration par les affirmations

Je vous invite à intégrer les bienfaits des clés au quotidien en en lisant une chaque jour ou chaque semaine.

Je vous encourage à placer ces pages dans un endroit visuellement accessible pour vous, par exemple sur le miroir de votre salle de bain. De cette façon, ce sera la première chose que vous verrez en vous regardant le matin. Cela vous permettra de diriger votre journée dans le sens que vous voulez lui donner dès le matin.

Vous pouvez même laisser votre créativité vous guider et coller les affirmations sur une page de la couleur correspondant à celle du rayon pour chaque clé. Amusez-vous à intégrer l'amour dans votre vie. Vous le méritez !

Deuxième méthode
Intégration approfondie

Pour un travail d'intégration, allouez une semaine pour chaque clé.

Lisez les affirmations chaque jour et l'enseignement de la clé au besoin durant la semaine.

Au réveil, lisez les affirmations de la clé en étant présent à vous-même et en ressentant bien les mots lus.

Durant la journée, observez vos pensées :

🦋 Est-ce que mes pensées sont en résonance avec la clé ? Par exemple, si vous intégrez la deuxième clé, Choisir l'amour, et que vous vivez un conflit relationnel, voyez si vos pensées sont en harmonie avec l'amour ou la lourdeur.

🦋 Mon attitude et les mots que je prononce sont-ils en lien avec les enseignements de la clé ?

Remarquez ce que vous ressentez dans votre corps et ce que vous vivez intérieurement. Est-ce que mon corps est détendu (indice que je suis dans l'énergie de l'amour) ou tendu (indice que je suis dans l'énergie de la peur, le conflit et la lourdeur) ?

Prenez un moment le soir et écrivez dans un cahier :

🦋 Qu'ai-je observé de moi (mes pensées, mon attitude, les mots prononcés) ?

🦋 Comment me suis-je suis senti dans mon corps ?

- Comment me suis-je senti intérieurement ?
- Comment me suis-je senti avec les autres ?
- Quelles sont mes actions en lien avec cette clé ?
- Quel est l'obstacle ou les obstacles rencontrés dans l'intégration ?
- Quel est mon apprentissage ?
- Qu'est-ce que je célèbre aujourd'hui ? (Par exemple : mes petites victoires, mon dépassement, mon ouverture, etc.)

À la fin de la réflexion, lisez ou écrivez cette affirmation :

Je rends grâce à ce moment passé avec moi-même.
Je rends grâce à mes efforts et à mon intégrité.
Je suis guidé.
Je suis aimé.
Je suis béni.
Je marche sur le chemin de l'amour.
Qu'il en soit ainsi !

Répétez la démarche suggérée de deux à trois fois par année.

CLÉ	GARDIEN	RAYON
1. Reconnaître qui je suis	Ayamaya	rose
2. Choisir l'amour	Michaël	bleu
3. Devenir le gardien de ses pensées	Kalimana	violet
4. Nourrir son âme	Lumière	blanc
5. Nourrir son corps	Malikane	orangé
6. Nourrir son esprit	Amalis	doré
7. Un environnement d'amour	Mahaeli	indigo
8. Se libérer de la lourdeur	Spiritus	jaune
9. La foi	Horus	vert
10. La gratitude	Samaya	rosé et doré

L'UNIVERS CITÉ
DE LA **TRANSFORMATION** ET DU **BIEN-ÊTRE**

Activités offertes

Psychothérapie individuelle et de couple

Conférences

Cours
  Yoga et méditation
  Vivre en relation
  Vivre avec son âme

Ateliers
  Femme créatrice : baladi expressif
  Yoga et méditation

Formation professionnelle
  Thérapeute : artiste de vie
  Approche transformation et bien-être (ATBE)

Pour avoir une liste détaillée de nos activités et être sur notre liste d'envoi par courrier électronique, veuillez communiquer avec nous.

450 473-7848
www.antoinettelayoun.org
info@antoinettelayoun.org

La première clé
Reconnaître qui je suis

*J*e suis un être d'amour.

Je reconnais mon essence qui est amour et paix.

Je choisis maintenant de reconnaître ma grandeur et ma magnificence.

Je choisis maintenant de m'aimer tel que je suis, avec tout ce que je suis.

Je reconnais mes forces, j'accueille mes difficultés.

Je rends grâce à mes difficultés et je reçois leur apprentissage.

Je prends du temps chaque jour pour reconnaître ce que je suis.

La reconnaissance que je porte à l'intérieur de moi jaillit de mon être vers les autres.

Je rends grâce aux personnes qui m'entourent et je reconnais ce qu'elles sont.

Je prends du temps chaque jour pour les écouter et leur montrer des gestes d'amour.

Je suis amour, je suis reconnaissance, je suis joie.

Qu'il en soit ainsi !

La deuxième clé
Choisir l'amour

Je suis un être d'amour et de paix.

Je choisis l'amour avec courage, humilité, sensibilité, force et détermination.

Devant les obstacles et les discours qui sèment le doute en moi, je me mets debout, je dresse bien droit ma colonne vertébrale et je me connecte à mon cœur.

Je me libère des histoires qui embrouillent mon regard d'amour sur moi et sur les autres.

Je prends soin de mes souffrances et de mes blessures, et je réclame l'amour pour moi.

Je me libère des croyances qui m'éloignent de mon essence et de l'amour pour moi.

Je suis digne d'amour.

Je répands l'amour autour de moi.

Je regarde l'autre et j'agis avec amour.

J'envoie une pensée d'amour pour ceux que j'aime et pour ceux avec qui j'ai de la difficulté.

Je prends un moment et je m'offre un geste d'amour.

Je suis amour, je suis paix et je suis joie.

Qu'il en soit ainsi !

La troisième clé
Devenir le gardien
de ses pensées

Je suis un être d'amour et de paix.

Je me reconnecte avec mon essence qui est amour et paix.

Je me libère des impuretés présentes dans mes pensées.

Je me dégage de ce qui est négatif en nettoyant mes pensées quotidiennement.

Je deviens par mes pensées le gardien qui protège le chemin de l'amour.

J'ai des pensées élevées par rapport à moi.

Je reconnais tout ce que je suis, même si le doute embrouille ma vérité.

Je me libère du ressentiment, de la colère et de l'impuissance.

J'ai des pensées de compassion, de compréhension et d'amour pour l'autre.

Par mes pensées, je crée ce qu'il y a de meilleur pour moi.

Par mes pensées, j'envoie ce qu'il y a de meilleur à l'autre.

Je marche sur le chemin de l'amour avec des pensées d'amour.

Qu'il en soit ainsi !

La quatrième clé
Nourrir son âme

Je suis un être de lumière, d'amour et de paix

Je suis âme, corps et esprit.

Mon âme, je t'appelle, je te ressens en moi et proche de moi.

Mon âme, guide mes pas sur le chemin de l'amour.

Aide-moi à me libérer des jeux du mental inférieur et de la lourdeur.

Aide-moi à élever ma conscience et à me connecter à la conscience universelle.

Je choisis de prendre du temps pour être proche de toi.

Je choisis de m'entourer de ce qui est beau et pur.

Je choisis d'être à l'écoute de tous les messages que tu m'envoies.

Je regarde avec tes yeux, j'écoute avec tes oreilles et je parle avec ton amour.

Je deviens de plus en plus une manifestation physique de ton énergie amour.

Je salue les personnes autour de moi avec respect et je rends grâce à leur âme.

Qu'il en soit ainsi !

La cinquième clé
Nourrir son corps

Je suis un être de lumière, d'amour et de paix.

Je suis âme, corps et esprit.

Je te traite, mon corps, avec amour et respect. Je te redonne ta dignité.

J'apprends à t'écouter et à prendre soin de toi.

Je te libère de l'exigence et du paraître.

Mon regard sur toi est un regard d'amour.

Je vois ce qui est beau et unique en toi.

Je manifeste ma différence et j'exprime ta grandeur.

Mon corps, je t'offre ce qui est bon et nourrissant.

Je te remercie de me permettre de manifester l'amour.

Je te remercie de me permettre de voir toute la beauté.

Je te remercie pour ces mots d'amour que je peux exprimer à travers toi.

Je te remercie pour toute cette mobilité et cette flexibilité qui me permettent de vivre pleinement et avec intensité.

Je te remercie pour toutes les sensations que je ressens dans mon cœur et mon âme.

Je te remercie pour la vie.

Je te rends grâce, mon corps, et je t'honore.

Qu'il en soit ainsi !

La sixième clé
Nourrir son esprit

Je suis un être d'amour et de paix.

Je suis âme, corps et esprit.

Je m'engage sur la voie de l'esprit par la conscience.

Je me libère de la notion de pouvoir par le mental.

Je me permets de vivre dans le silence.

Je m'entoure d'éléments nourrissants pour mon esprit.

Je prends du temps pour la méditation ou la contemplation.

Je nourris mon esprit par l'art.

Je laisse la créativité se manifester en moi.

Je choisis les mots que je dis et les mots que je lis.

Je manifeste le divin par mes pensées et par mes actions.

Je suis amour, je suis paix et je suis lumière.

Je répands l'amour, la paix et la sérénité.

Je suis moi, le grand moi, le moi suprême.

Qu'il en soit ainsi !

La septième clé
Un environnement d'amour

Je suis un être d'amour et de paix.

Je choisis maintenant de m'entourer d'un environnement qui reflète qui je suis.

Je laisse l'artiste se manifester en moi par mes choix de couleurs et de décor.

Je nourris ma créativité et je m'exprime par mes choix de costumes.

Je sors de mes croyances limitatives et je crée la beauté par la simplicité.

Je vois l'abondance se matérialiser par l'harmonie et par la chaleur dans ma demeure.

Je m'occupe de moi à mon lieu de travail et je m'apporte une attention chaque jour.

Je m'attire des relations nourrissantes qui me propulsent et dans lesquelles je me sens grandir.

Je me sens aimé et apprécié pour ce que je suis et tout ce que je suis.

Je rends grâce à la sagesse de mon âme et de mon esprit qui me guident dans mes choix de vie.

Qu'il en soit ainsi !

La huitième clé
Se libérer de la lourdeur

Je suis un être d'amour et de paix.

Je reconnais ma grandeur et mon pouvoir de choisir.

Je choisis de déposer mes manteaux de souffrance.

Je choisis de déposer le drame et la lourdeur.

Je choisis de déposer le pouvoir d'avoir raison.

Je choisis de laisser aller la victime et l'impuissance.

Je choisis d'assumer mon histoire de vie.

Je choisis de mettre une boucle d'amour sur le passé et de le libérer.

Je reconnais tout ce que j'ai reçu et tout ce que j'ai manqué.

Je reconnais tout ce que j'ai fait et tout ce que je n'ai pas fait.

Je me permets de vivre avec ma différence et ma vérité intérieure.

Je reconnais la différence de l'autre et je le laisse libre d'être ce qu'il est, avec sa vérité.

Je choisis la légèreté, la liberté, la joie, l'amour et la paix.

Je suis guidé, je suis aimé.

Qu'il en soit ainsi !

La neuvième clé
La foi

Je suis un être d'amour et de paix.

J'ai la foi en ce que je suis.

Je suis humain uni au divin.

Je pense, je ressens et j'agis en lien avec mon âme et mon esprit.

Je suis libre de créer ma vie par mes intentions.

Je choisis de me libérer de mes doutes.

Je choisis de croire en ce qui est le plus beau et le plus pur même si je ne le vois pas.

Je crée un lien d'amour avec les êtres de lumière, les guides et les anges.

Je choisis de prendre du temps dans ma journée pour la contemplation, la méditation ou les prières.

Je me réveille le matin avec mes intentions que je répète à haute voix pour bien nourrir ma journée.

Je crée mes intentions et je les transforme au besoin.

Je réclame mon droit au bonheur.

Je suis guidé, protégé et aimé.

Qu'il en soit ainsi !

La dixième clé
La gratitude

Je suis un être d'amour et de paix.

Je rends grâce à qui je suis et à tout ce que je suis.

Je rends grâce à mon corps, à mon âme et à mon esprit.

Je rends grâce à mes guides terrestres et célestes.

Je rends grâce à mes expériences de vie.

Je rends grâce à toutes les personnes qui se sont trouvées sur mon chemin.

Je rends grâce à la pulsion d'amour en moi qui me permet de choisir ces mots que je lis.

Je rends grâce à ma potentialité et à mes limites, conscientes et inconscientes.

Je rends grâce à mes parents qui m'ont donné la vie ainsi qu'aux expériences vécues.

Je rends grâce à ma famille et à mes amis.

Je rends grâce à ceux qui m'aiment et à ceux avec qui j'ai eu un vécu difficile.

Je rends grâce à l'humain et au divin en moi.

Je rends grâce à la vie et je chemine dans l'amour et la paix.

Qu'il en soit ainsi !

Mes intentions
Un rendez-vous
avec la création

Aujourd'hui, je fais la connaissance de personnes extraordinaires.

Aujourd'hui, je rencontre l'inhabituel.

Aujourd'hui, je connais la richesse comme je ne l'ai jamais connue.

Aujourd'hui, je connais la joie, la légèreté, l'épanouissement et l'amour dans ma vie amoureuse.

Aujourd'hui, je connais l'harmonie, le bonheur et la joie dans mes relations.

Aujourd'hui, je connais l'organisation et la structure, la productivité et l'équilibre qui se manifestent dans mes pensées et mes actions.

Aujourd'hui, je crée la magie dans ma vie et je la verrai se manifester.

Durant toute cette journée, je serai tellement enthousiaste que je me libérerai de toutes les limites et je deviendrai l'artiste de ma vie.

Qu'il en soit ainsi !

Table des matières